따뜻한 무의식

'경험이 미래에게'
미류책방은 미미와 류의 2인 출판사입니다.
경험이 미래에게 들려주는 수북한 시간들을 담으려고 합니다.
책을 만들고, 책을 읽는 그 모든 시간들이 아름답게 흘렀으면 좋겠습니다.
그리하여 먼 훗날, 한 그루 미류나무처럼
우리 모두 우뚝 성장해 있기를 소망합니다.

정신분석가 父子가
알려주는
내 아이 자존감
키우는 법

글 이무석·이인수

엄마와 아이를 이어주는 —

따뜻한 무의식

미루책방

프롤로그

우리는 '정신분석가'라는 같은 길을 걸어가는 부자(父子)지간이다. 우리는 매일 진료실에서 다양한 사람들의 고민을 듣는다. 불안, 강박, 우울, 무력감 등 증상은 다 다르지만, 이들이 한결같이 얘기하는 게 있다. '행복하지 않다'는 것이다.

많은 부모들이 아이를 행복하게 하려면 어떻게 키우면 좋은지를 우리에게 묻는다. 우리는 그에 대한 대답으로 이 책을 기획하게 됐다. 우리는 아이를 잘 기르는 기술을 전달하는 책이 아닌, 아이의 행복을 위해서, 아이의 자존감을 보호하기 위해서 부모가 무엇을 고민하고 노력해야 하는지를 담아낸 책을 펴내고 싶었다.

인간의 행복과 불행은 어떤 부모를 만나느냐에 달려있다고 해도 과언이 아니다. 좋은 부모란 자녀를 거부하지 않고 사랑하는 부모다. 사랑받으며 자란 아이는 사람들과 잘 지내고 싸워야 할 때 싸울 줄도 안다. 정신의학에서는 행복의 핵심을 '자존감'이라고 본다. 자신에게 만족하고 자랑스럽게 느끼는 자존감은 스스로에 대한 자신의 평가이다. 나를 어떻게 바라보느냐가 행복을 결정한다.

그런데 아이를 행복하고 자존감 높게 기르고 싶지만, 오히려 아이를 숨막히게 하고 불안하게 하는 부모들이 있다. 또 자신의 삶을 살아가지 못하고 계속해서 아이에게 집착하는 부모들도 있다. 치열한 경쟁사회에서 자녀가 낙오될까 봐 초조해하기도 한다. 그런데 부모가 초조하면 아이를 좋아할 수가 없다. 걱정거리 애물단지로만 보인다. 아이들을 지나치게 간섭하게 된다.

정신분석의 렌즈를 통해 이런 부모의 무의식을 들여다보면, 그 마음속에 흔들리지 않는 견고한 믿음이 발견된다. '나는 내 아이를 바꿀 수 있어! 내가 조금만 더 노력하면 아이를 바꿀 수 있어!'라는 믿음이다. 그래서 육아 정보도 열심히 찾아보고 좋다는 건 다 따라 해보려고 한다. 하지만 오히려 많은 정보가 부모의 불안을 부추기기도 한다.

그렇다면 아이의 자존감을 키워주려면 어떻게 하면 될까?

'부모는 양육 기술자가 아닌, 스스로가 자존감 높은 존재로서 아이에게 건강한 환경이 되어주어야 한다.'

이것이 이 책에서 우리가 내린 결론이다. 자존감이 안정된 부모는 전인격적으로 아이와 상호작용하며 건강한 자존감을 물려줄 수 있기 때문이다.

진정으로 중요한 것은 눈에 보이지 않는 '아이의 마음'이다. 아이의 '독특한 개성'과 '창조성'이다. 아이를 살아있게 하고 건강하게 유지시키는 '아이의 감정'이다. 눈에 보이지 않는 아이의 '마음'을 깊이 공감할 수 있는 부모는 아이의 불완전함을 너그럽게 허용해 준다. 아이가 완벽하지 않더라도, 실패와 실수를 하더라도 아이가 성장하는 '과정' 속에 있음을 안다. 그러면 아이는 부모가 허용한 공간 안에서 진짜 '나'를 발견하고 개별성과 자율성이라는 자존감의 기초를 얻게 된다.

부모가 편해야 아이가 편하다. 마음이 편한 부모가 아이도 잘 키운다. 자존감 높은 아이는 이런 부모에게서 나온다. 그런데 엄마 아빠의 마음을 불편하게 만드는 것들이 있다. 엄마 아빠가 어릴 때 받은 마음의 상처들이다. 상처받은 마음속의 아이가 무의식에서 살다가 자녀를 키울 때 등장한다. 이 아이를 만나서 쓰다듬어 주고 이해해 줘야 한다. '어린 네가 그렇게 힘들었구나.' 이해는 곧 치료다. 감정의 낭비가 사라진다. 무리한 욕심도 사라진다. 아이와의 관계도 좋아진다. 무의식은 이렇게 강력하다. 그런데 의식의 지하실인 무의식이 꼭 차갑고 어둡기만 한 것은 아니다. 아이에게 따뜻한 무의식을 심어줄 수 있다면 그것이야말로 부모로서 줄 수 있는 최고의 선물이 될 것이다. 그래서 우리는 이 땅의 젊은 부모들에게 이렇게 말해주고 싶다. "자기 자신을 아는 것이 아이를 잘 키우는 것이다."

이 책은 2013년 『스펙보다 중요한 내 아이의 자존감』으로 첫 선을 보인 후 독자들에게 과분한 사랑을 받아왔다. 이번에 내용을 보완하여 『엄마와 아이를 이어주는 따뜻한 무의식』으로 새롭게 내게 됐다. 지난 10년간 그래왔듯이 우리는 이 책을 통해 독자들이 자신과 아이를 돌아보는 계기가 되었으면 한다. 그래서 아이가 자신만의 편안한 속도로 성장하고 독립하도록 허용할 수 있기를 바란다. 그러면 우리의 자녀들은 타인과의 비교에서 오는 두려움과 열등감이 아닌 스스로에 대한 사랑과 만족을 경험하고 안정된 자존감을 가진 인격으로 자랄 것이라 믿는다.

2022년 5월 이무석·이인수

목차

프롤로그 •004

1부 자존감이란?

행복한 사람들의 비밀 •014
준수는 왜 툭하면 울까? •018
자존감이 높다는 것 •022
'엄마는 나를 좋아해'=자존감 •028
자존감도 열등감도 대물림된다 •032
엄친아 엄친딸의 함정 •036
부모가 완벽주의일 때 •040
자존감 높은 아이가 떼도 쓴다 •044

2부   부모의 무의식이 자녀의 자존감을 결정한다

정신분석이 말하는 '무의식'이란 • 050
아이 때문에 감정이 소용돌이친다면 • 058
대한민국에서 엄마로 산다는 것 • 062
사회적 압박의 희생자들 • 066
"더 이상은 이렇게 살기 싫어요" • 070
성공한 엄마란? • 074
산후우울증의 비밀 • 078
유년기의 경험이 말해주는 것들 • 084
불편하고 힘든 감정들이 보내는 신호 • 090
무의식이 자녀와의 관계를 결정한다 • 098
내 마음속 아이와 마주하기 • 104

3부   무의식에서 가장 자주 만나는 사람 '엄마'

태어나서 처음으로 만나는 타인 • 116
갓난 원숭이 실험 • 120
엄마의 사랑에 굶주린 아이들 • 124
평생을 따라다니는 '엄마' • 128
모든 것 다 주고도 더 주시려는 이 • 132
엄마를 돌보는 아이-역전된 애착관계 • 138
외모 콤플렉스가 생긴 이유 • 142

4부 　내 인생의 거인 '아버지'

내 위에서 나를 감시하는 또 다른 '나' •150
엄격하고 성질 급한 아버지 •154
싸워야 할 때 싸우지 못하는 아들 •158
아버지의 권위는 어떻게 만들어지나 •164
오이디푸스 콤플렉스가 잘 해결되려면 •170
내가 경험한 거세공포증 •176
내 안의 분노 수위가 높으면 •182

5부 　아이 성장을 방해하는 부모의 죄책감

죄책감에 시달리는 부모들 •194
"아이에게 화를 낼까 봐 무서워요" •198
엄마처럼 되지 않겠다고 다짐했지만…… •202
너무 일찍 '작은 어른'이 되면 •208
이혼이 너무 이기적 결정이었을까? •216
아이는 언제 사랑받는다고 느낄까? •222

6부 좋은 부모란?

자녀와 친한 아버지 •228
"남편의 죄를 모두 사하노라" •232
내 아내의 지혜로운 용단 •238
갓난아이도 엄마 목소리를 안다 •242
정신화 과정을 촉진해 주는 엄마 •246
적절한 좌절은 필요하다 •250
작은 실수에 가혹한 벌을 내리면 •254
아이는 자신의 청사진을 갖고 태어난다 •258
발달 단계를 알면 아이가 더 잘 보인다 •262
자녀 양육에 관한 잘못된 환상들 •270
좋은 부모 되기 5계명 •278
완벽하진 않지만, 이만하면 나도 괜찮은 엄마 •290

1부

자존감이란?

행복한 사람들의
비밀

부모들이 아이를 키우면서 가장 바라는 것은 무엇일까? '아이가 행복하게 살았으면……' 하고 바랄 것이다. 이왕이면 '성공도 했으면……' 하고 바랄 것이다. 그러기 위해 아이들이 어릴 때부터 최대한 많은 것을 길러주려고 한다. 창의성과 집중력, 자기주도학습 능력에 EQ까지. 요즘은 문해력이 대세라는 말도 들었다. 이런 노력들은 모두 부모들의 간절한 바람에서 비롯된 것이고, 존경할 만하다. 그런데, 이렇게 한다고 아이들이 행복해질까? 행복이란 무엇일까?

정신의학에서는 자존감을 행복의 핵심 요소로 본다. 자존감이 있어야 어디서든 당당하고 자기가 주인이 된 삶을 산다. 자존감이 높은 사람은 사람들 만나는 게 즐겁고, 친밀한 인간관계를 맺는다. 삶에 생기가 있다. 반면에 자존감이 낮으면 성공해도 평생 불안하고 쫓기듯 산다. 대인 관계도 힘들어 사람 만나기가 힘들다. 고립된다.

그렇다면, 자존감이란 무엇일까? 자존감은 간단히 말하면, 자신에 대한 자신의 평가라고 할 수 있다. 여기서 중요한 것이 '자신'의 평가라는 점이다. 아무리 객관적 조건이 훌륭해도 내가 나를 못나게 보면 그것이 그대로 나에 대한 최종 평가가 된다.

같은 고졸 출신인 A와 B를 보자. A는 남들이 자기 학력을 알까 두렵다. 그래서 항상 주눅이 들어있다. 누가 싫은 소리를 하면 자기가 고졸이라서 무시한다고 생각한다. 반면 B는 고졸 학력이 부끄럽지 않다. 자신에게 맞는 일을 찾아 성실하게 한다. 그리고 보람도 찾는다.

두 사람의 사례에서 볼 수 있듯, 자존감은 객관적 사실과는 관련이 없다. 자신이 느끼는 '심리적 현실'과 관련이 있다. 그런데 이런 심리적 현실은 기억도 나지 않는 유년기 경험으로부터 만들어진다.

갓 태어난 아기를 생각해 보자. 아이는 완벽히 무력한 존재이다. 엄마가 돌봐주지 않으면 생존이 불가능하다. 이 아이에게 엄마는 우주이고, 절대적인 신이다. 아이는 그런 엄마에게 100퍼센트 의존할 수밖에 없다.

그런데, 아이에게는 아직 자아상이란 게 없다. 우리가 자기 얼굴을 인지하려면 거울을 통해야 한다. 거울을 통해 비쳐지는 이미지를 보고 자신의 이미지를 추측하게 된다. 아이도 자아상을 가지려면 자기를 비춰주는 거울을 가져야 한다. 엄마는 최초로 자기를 비춰주는 거울이다. 이 거울을 보고 아이는 자아상을 만들어 간다.

아이는 24시간 엄마를 원한다. 배고플 때, 기저귀가 축축할 때 엄마를 간절히 찾는다. 이때 엄마가 웃어주고 사랑으로 봐주면 아이는 "난 괜찮은 존재야!"라는 자아 이미지를 갖게 된다. 만약 엄마가 귀찮아하거나 냉담하게 대하면 "난 사람들이 싫어하는 존재인가 봐."라는 자아 이미지를 갖게 된다.

이렇게 만들어진 자아 이미지는 아이 안에 내재되어 오랫동안 그 아이를 따라다닌다. 엄마 아빠가 세상을 뜬다고 해도 아이의 머릿속에서 죽음의 순간까지 마음의 이미지로 남아있다. 그리고 아이의 생각과 행동에 커다란 영향을 미친다.

그래서 유년기 엄마 아빠의 역할이 중요하다. 내 아이가 행복해지길 진정으로 원한다면 아이의 자존감을 높여주어야 한다. 부모가 아이에게 줄 수 있는 최고의 선물은 자존감이다.

준수는 왜 툭하면 울까?

유치원에서 덩치 큰 아이가 준수를 밀어 넘어뜨렸다. 준수는 크게 다친 데도 없는데 소리소리 지르며 서럽게 울었다. 평소에도 준수는 쉽게 마음 상하고 서럽게 울기를 잘한다. 친구들과 어울려 놀지도 못한다. 애들이 자기와 놀아주지 않는다고 서럽게 운다. 다른 애들이 자기를 때린다고 운다. 구석에 웅크리고 앉아있기를 잘한다. 이런 준수 때문에 엄마는 속이 상한다. 준수는 유치원에 올 때도 아침마다 엄마와 떨어지지 않으려고 발버둥을 친다. 왜 이러는 걸까?

준수는 자존감이 낮다. 이런 아이들의 특징은 아이들이 자기를 무시한다고 생각하는 것이다. 준수의 내면세계에서 친구들은 자기를 무시하고 해치는 가해자들이고, 자기는 저항할 힘도 없는 억울한 피해자다.

'나는 예쁜 아이가 아니야. 사람들은 나를 싫어해.'

준수는 스스로 자기는 부끄러운 아이이고 싫증나는 아이라고 생각하고 있다. 아버지가 교수님이고 어머니도 유명한 분이지만, 준수의 자존감은 낮고 비참하다.

자존감이 높은 아이, 문경이를 보자. 문경이는 자기를 밀치고 괴롭히는 아이에게 당차게 항의하고 맞선다. 친구들과 잘 어울리고 처음 본 아이와도 곧 친해진다. 친절하고 붙임성이 좋아 인기도 좋다.

문경이는 새로운 놀이를 배울 때도 적극적이다. 준수처럼 부끄럼을 타고 뒤로 움츠러드는 법이 없다. 문경이는 새로운 것을 배우는 일이 즐겁다. 실패를 두려워하지 않는다. 문경이는 선생님이나 친구들을 좋아한다. 그리고 그들도 자기를 좋아할 것이라는 믿음을 갖고 있다.

자존감이란 자신에 대한 자신의 평가이다.

'완벽하지는 않지만 나는 그런대로 괜찮은 사람이야. 이만하면 남들에게 인정받을 만하고 호감을 살 만해.'

이렇게 스스로를 인정해 주는 사람은 자존감이 높은 사람이다. 앞서 소개한 문경이 같은 사람이다. 반면에 자신을 미워하고 쓰레기 취급하는 사람들은 자존감이 낮은 사람들이다.

'나는 무가치한 존재야. 사람들은 나에게 혐오감을 느낄 거야. 나는 무능력한 인간이야. 내가 하는 일은 다 실패로 끝날 거야.'

이런 사람은 열등감이 심하다. 인생을 참 불행하게 사는 사람이다. 준수가 그런 사람에 속한다.

나는 정신과 의사로서 많은 정신 질환자들을 치료했다. 정신분열증, 우울증, 공황장애, 그리고 소위 신경성 장염 등······.

마음의 병을 치료하면서 내가 발견한 진실이 하나 있다. 그것은 '인간의 정신을 건강히 유지하게 하는 가장 강력한 힘은 자존감에서 나온다.'는 것이다. 자존감이 무너지면 정신이 병든다. 그런데 반대로 자존감이 회복되면 치유가 일어난다.

자존감이 높다는 것

'자존감 self esteem이 높다.'는 것은 어떤 상태인가? 자존감이 높은 사람은 무의식적으로 스스로에 대해 '나는 가치가 있는 사람'이라고 생각한다. 그래서 어디를 가든 누구를 만나든 자신의 존재를 인정받고 다른 사람들이 자신에 대해 호감을 가질 것이라고 생각한다. 또한 '나는 유능한 사람 capable person이고 내게 맡겨진 일은 잘 해낼 수 있다.'고 믿으며 어떠한 일이든 도전해 본다. 그리고 자신에 대해 '나는 도덕적으로 떳떳하다.'라고 생각한다. 자존감이 높다는 것은 이렇게 세 가지 면에서 스스로를 인정하는 것을 말한다.

자존감의 첫 번째 요소인 자기 가치감 self worth에 대해서 알아보자. 자존감이 높은 사람은 누구를 만나든 상대방이 자신에게 호의적으로 대할 것이라 예상하기 때문에 상대방을 편안하게, 기대하는 마음으로 만날 수 있다. 그러나 자존감이 낮은 사람은 상대방이 자신을 재미없어 하고 싫어할 것이라 생각하기 때문에 스스로가 불편하다. 이런 마음으로 상대방을 대하면 상대방도 불편해진다.

이런 이유로 자존감이 낮은 사람들은 대인 관계가 어렵다. 그러나 겉으론 내색을 못한다. 그래서 사람을 만나는 것을 피하게 된다. 하지만 피치 못할 대인 관계도 있다. 그래서 부득이 사람을 만나야 된다. 그런데 만날 시간이 다가올수록 긴장감이 높아진다. 구실을 만들어 피하기도 하지만, 정 피할 수 없을 때를 위해서 따로 화제를 준비하는 분들도 있다. 불편한 대인 관계를 희석시키기 위해 단둘이 만날 자리를 세 사람 이상이 만나는 자리로 만들기도 한다.

자존감이 낮은 사람들은 택시를 탔을 때도 택시 기사님의 눈치를 본다. 빠른 길을 놔두고 돌아가도 말을 제대로 못한다. 불필요한 칭찬도 한다. "운전 참 잘하시네요." 아부 수준이다. 물건을 살 때도 점원의 눈치를 보느라고 물건 값을 제대로 깎지도 못한다. 옷가게에 들어가서도 이것저것 갈아입다 보면 점원에게 미안해 마음에 들지 않는 옷을 사는 일도 많다. 그러고선 스스로를 자책한다. '내가 왜 이 옷을 샀지?' 그러나 자존감이 높은 사람은 자연스럽게 자기 권리를 주장한다. "시간을 많이 빼앗아 죄송하지만, 이건 제게 어울리지 않는 것 같아요."

자존감의 두 번째 요소는 자신감 self-confidence이다. 자신감이 있는 사람은 희망적이다. 시험공부를 할 때 합격의 희망을 가지고 공부한다. 자신감이 있어야 사업도 시작할 수 있다. 자신감이 있어야 프러포즈도 할 수 있다. 자신감이 있는 사람은 실패를 두려워하지 않는다.

그러나 자존감이 낮은 사람은 자신감이 없다. 공부는 하지만 '공부해봤자 떨어질 거야.'라는 자기 예언 self prophecy을 갖고 있다. 이런 마음으로 하는데 공부가 잘될 리가 없다. 심리적인 생기를 상실한다. 아무것도 할 수 없을 것 같은 무기력증 helplessness에 잘 빠진다.

무기력증이란 자신은 무능력하기 때문에 '노력해 봤자 별 수 없다.'는 상태이다. 그래서 어떤 일을 시작할 때 안 될 것을 미리 예상한다. 무기력은 자존감이 낮은 사람들, 특히 우울증 환자들의 특징적인 증상 중 하나다.

"나는 안 돼요. 시도해 봤는걸요. 되는 일이 하나도 없었어요."

무기력은 하나의 타성처럼 되어버린다. 무슨 일이 잘 풀리지 않으면 거의 자동적으로 '아, 안 되는구나. 역시 난 안 돼.'라고 포기해 버린다.

자존감의 세 번째 요소는 도덕적 자기평가이다. 죄책감을 가진 사람은 남 앞에 떳떳하게 설 수가 없다. '도둑이 제 발 저리다.'는 속담처럼 스스로 켕기기 때문에 남이 비난의 화살을 쏘기도 전에 벌써 속으로 처벌을 두려워하며 떨게 된다.

40대의 전문직 남성이 있었다. 사회적으로 성공했음에도 불구하고 열등감이 심했다. 이분의 아버지는 박사학위도 갖고 있는 지성인이었다. 사회적으로 저명한 분이었다. 가정 밖에서는 아주 존경받는 분이었다. 그러나 일단 집에 들어오면 괴물로 변했다. 고함치며 유리창을 깨고 살림살이를 닥치는 대로 집어던졌다.

아버지가 취해서 들어오시면 온 식구는 공포에 떨었다. 그는 동생들과 함께 이불을 둘러쓰고 숨었다. 무엇보다 견디기 어려웠던 것은 아버지가 어머니를 죽도록 패는 것이었다. 어머니가 반항도 못하고 맞으며 신음할 때 너무나 불쌍했다. 저러다 어머니가 죽는 것이 아닐까 두려웠다. 어머니를 구해줘야 할 것 같았다. 그러나 어린 그는 아버지가 무서웠다. 감히 아버지를 말릴 수 없었다. 속으로 자신을 책망했다.

'나는 비겁한 놈이야. 어머니가 저렇게 맞고 있는데 말리지도 못하고 이렇게 숨어있다니……'

이분은 마음속에 겁먹은 아이를 가지고 있었다. 그런데 이 아이는 무의식에서 살고 있었기 때문에 시간이 흘러도 자라지 못했다. 때문에 그는 싸워야 하는 상황만 되면 두려움에 떨었다.

'나는 겁쟁이, 비겁한 놈이다. 싸울 자리에서 늘 도망갈

궁리만 한다. 이런 내가 나는 부끄럽다.'

나는 이분에게서 이렇게 자책하는 마음속의 아이를 확인할 수 있었다. 40대가 되었고 사회적 성공을 거두었어도 내면세계는 '비겁한 아이'의 감정에 지배당하고 있었다. 이것이 그의 열등감의 원인이었다.

'엄마는 나를 좋아해'
= 자존감

낮은 자존감이 회복되지 않으면 일생을 억울한 피해자로 살게 된다. 준수가 일류 대학을 나오고 사회적인 성공을 거둔다고 할지라도 마음은 늘 불행하고 쫓기는 것같이 초조할 수밖에 없다. 그래서 자존감이 낮은 사람들은 행복지수가 아주 낮다. 자존감이 행복감을 좌우한다.

여기서 우리가 기억해야 할 것은 자신에 대한 자신의 낮은 평가가 남들의 객관적인 평가가 아니라는 것이다. 스스로 그렇게 자학적으로 평가하고 있다는 것이다. 그래서 중요한 것은 자기 자신이 자기를 어떻게 평가하느냐 하는 것이다.

정신분석학자들은 이런 낮은 자존감 문제를 애착 이론으로 설명한다. 갓 태어난 아이는 엄마에게 애착 욕구를 갖고 있다고 한다. 엄마가 생존에 꼭 필요한 존재이기 때문이다. 그런데 그렇게 중요한 엄마가 자기를 싫어하면 아이는 생존의 위협을 느끼게 된다. 아이는 불안해지고 정신적 성장이 멈추게 된다. 성장에 필요한 애착 경험을 못하게 되기 때문이다. 낮은 자존감은 여기서 시작된다.

'나는 뭔가 부족한 아이인가 봐. 그래서 엄마가 나를 싫어하나 봐. 다른 사람들도 나를 싫어할 거야. 나와 함께 있는 것이 지루할 거야.'

이 생각이 열등감의 시작이다.

아이들은 놀다가도 갑자기 엄마가 그리워진다. 자신의 필요에 따라서 시도 때도 없이 엄마를 찾는다. 마치 맡겨둔 예금을 찾듯이 엄마를 찾는다. 아이들은 하나의 믿음을 가지고 있다. '엄마는 나를 좋아한다.'는 믿음이다. 그래서 자기가 필요한 것이 있을 때 엄마를 찾으면 엄마가 기꺼이 다 해결해 줄 것이라고 생각한다. 이 믿음이 충족되는 것이 애착 경험이다.

아이에게 엄마는 하느님과 같다. 기도만 하면 필요한 것을 공급해 주고 적과 위험으로부터 보호해 주시는 하느님과 같은 존재이다. 아이들은 태어날 때 이미 이런 굉장한 믿음을 갖고 태어난다고 한다. 정신분석학자들이 아이들을 관찰하다가 이런 믿음을 발견했고 이를 '기본적 신뢰 basic trust'라고 이름 붙였다. 대부분의 엄마들은 아이의 이런 기본적 신뢰를 만족시켜 준다. 물론 엄마도 인간이니까 완벽하게 만족시켜 주기는 어렵다. 그러나 대부분 어머니들의 모성애는 아이의 신뢰에 신뢰로 대답해 준다. 문제는 이 믿음이 깨질 때 발생한다. 엄마도 아이가 귀찮아질 때가 있기 때문이다.

"엄마 덥다. 제발 좀 저리 떨어져 있어."

"엄마 지금 바빠. 텔레비전이나 봐."

그러면 아이는 실망하고 단절감을 느낀다. 엄마가 자기에게 화가 난 것이라고 오해하기도 한다. 이런 단절감을 경험한 아이들은 마음속에 '엄마가 나와 함께 있는 것을 좋아하지 않는다.'는 인상을 갖게 된다. 그리고 '다른 사람들도 우리 엄마처럼 나와 함께 있는 것을 싫어할 거야.'라고 생각하게 된다. 이것이 열등감이고, 낮은 자존감의 출발이다.

대상관계이론을 적용한다면 '냉정하게 거부하는 엄마'와 그 앞에서 '주눅들어 눈치보는 아이'의 관계가 마음속에 자리잡게 된 것이다. 이런 관계 형성을 정신분석에서는 '내적대상관계 internal object relations'라고 부른다. 이런 내적대상관계를 가진 사람들은 사람을 만나면 자신도 모르게 상대방을 '냉정한 어머니'로 보게 된다. 그리고 자신은 자동적으로 냉정한 엄마 앞에서 '주눅들었던 아이'가 되고 만다.

이렇게 낮은 자존감을 가진 여성이 아이를 갖게 된다면 어떤 엄마가 될까? '나는 절대로 우리 엄마 같은 엄마는 되지 않을 거야.' 이렇게 다짐하던 사람들이 자신도 모르게 엄마의 행동을 반복하고 있는 자신을 발견하고 충격을 받는다. 이렇게 낮은 자존감은 다음 세대로 대물림되기도 한다.

자존감도 열등감도 대물림된다

강의 때문에 미국 어느 도시에 갔었다. 지적으로 보이는 어머니가 아들 문제로 찾아오셨다. 열다섯 살 된 아들이 우울증이 심하다고 했다. 애들이 자기를 무시한다고 학교도 안 가고 벌써 한 달 이상을 방구석에 틀어박혀 있다고 했다. 게다가 아주 난폭해져서 아버지가 꾸중이라도 하면 "그러니까 나 같은 놈을 왜 낳았어? 왜 낳았냐고!" 고함치며 대들고, 집안 기물을 부수기도 한다고 했다. 열등감이 심한 아이였다. 그런데 어머니는 아들의 문제가 아버지의 열등감 때문이라고 했다.

아버지는 한국에서 가난한 집안의 장남으로 태어났다. 온갖 아르바이트를 하며 어렵게 명문대를 졸업하고 대기업에 취직했다. 그러나 가난한 집안 출신이라는 열등감을 떨쳐버릴 수 없었다. 그래서 열등감을 벗어버리기 위하여 미국으로 이민을 왔다. 그는 살아남기 위해 닥치는 대로 일했다. 야채 가게, 세탁소 등을 운영했다. 사업은 성공적이었고 돈을 많이 벌었다. 좋은 차에 큰 집, 부러울 것이 없는 생활을 하게 되었다. 그러나 열등감은 치유되지 않았다.

그가 가장 부끄럽게 생각하는 것은 자기가 하는 일이었다. 돈은 잘 벌지만 일류 대학을 나온 자기가 할 일은 아니라고 믿고 있었다. 열등감을 숨기기 위해서 그는 남들 앞에서 자기 자랑을 많이 했다. 명문대를 나왔다는 이야기는 모임이 있을 때면 빠지지 않는 레퍼토리였다. 한국에서 대기업을 버리고 미국에 왔다는 이야기도 영웅담처럼 반복해서 늘어놓았다. 한국을 거지같은 나라라고 비난하기도 했다. 집안 열등감이 조국 열등감으로 전환된 것이다. 이런 그를 교민들은 싫어했다. 교포 사회에서 그는 외면당했다. 소외감과 분노 그리고 외로움으로 그는 늘 우울했다. 가정에서는 짜증의 연속이었다.

그러다가 아들 문제가 터졌다. 아들과의 사이가 극도로 나빠진 것이다. 아버지는 아들이 최고 명품 아들이 되기를 바랐다. "아빠가 이민 온 것도 다 네 교육을 위해서였어." "꼭 하버드 가야 해." 그의 입에 붙은 말이었다. 아들의 성적이 기대만큼 오르지 않으면 엄청나게 화를 냈다. 아들은 아버지의 열등감을 보상해 주기 위해서 1등을 해야 했다.

아들은 초등학교 때는 그런대로 톱클래스를 유지했다. 그런데 사춘기에 이르면서 행동이 변하기 시작했다. 아버지에게 반항하기 시작했다. "나 좀 가만히 두세요." "내가 알아서 한다니까요." 그때마다 아버지는 걷잡을 수 없이 화를 냈다. 아들을 두들겨 패며 고함쳤다. "이놈이 아비를 무시해? 내가 이런 일이나 한다고 날 우습게 보는 거냐?" 분노 폭발의 원인은 아버지의 콤플렉스였다. 아픈 콤플렉스가 건드려진 것이었다.

이런 아버지를 가진 아들이 높은 자존감을 가지기는 정말 어렵다. 아버지의 기대가 너무나 높고 절박하기 때문에 아들은 그 기준에 도달하지 못할 때마다 심한 두려움을 느끼고 좌절할 수밖에 없다.

아들은 아들의 인생을 살 때 자유롭다. 자기 꿈을 향해 마음 가볍게 달려갈 수 있다. 아들의 등에 아버지 인생의 무게까지 실리면 아들의 인생이 너무 무거워진다. 아들이 아버지 몫까지 해야 때문이다.

그런데 자존감이 낮은 아버지는 그게 쉽지가 않다. 자기가 못 이룬 꿈을 아들이 풀어주기를 바라기 때문이다. 이런 아버지는 아들을 열등감의 함정으로 밀어넣고 만다. 아들은 아버지의 기대에 못 미치는 자신에게 불량품이라는 낙인을 찍고 열등감 속에 빠진다. 열등감에 빠진 부모에게서 열등감이 심한 자식들이 나오는 이유가 여기에 있다.

엄친아 엄친딸의
함정

엄마의 열등감이 자녀에게 대물림되는 경우도 많다. 우리 사회에서 청소년들을 괴롭히는 두 개의 단어가 있다고 한다. '엄친아'와 '엄친딸'이다. 엄친아는 '엄마 친구의 아들'의 줄임말이고, 엄친딸은 '엄마 친구의 딸'의 줄임말이다.

요즈음 아이들은 어려서부터 '엄마 친구 아들과 딸'의 이야기를 들으면서 자란다.

"엄마 친구 아들은 이번에 1등 했다더라."

"엄마 친구 딸은 피아노 콩쿠르에서 금상을 받았단다."

엄친아나 엄친딸들은 하나같이 공부도 잘하고, 성격도 좋고, 리더십도 있고, 운동도 잘하고, 잘생기고 예쁘며, 인기도 최고다. 이 애들과 비교당하는 아이들은 자신들이 너무 초라하다. 부모님을 실망시키는 저질 인간으로 느껴진다. 여기서 자존감은 상처를 받는다.

"어머니가 원하는 딸은 엄친딸 같은 아이야. 나 같은 못난이가 아니야. 왜 나는 요 모양일까?"

아이들의 환상 속에 있는 엄친아나 엄친딸은 완벽한 존재다. 그 앞에 선 자신은 항상 못난이가 된다. 그래서 이런 아이들은 학교를 졸업하고 사회에 나가서도 늘 마음속의 완벽한 대상(엄친아 엄친딸)과 자신을 비교하고 열등감에 빠진다. 그리고 자신을 열등감에 빠지게 하는 엄친아 엄친딸을 증오하기도 한다. 잘나가는 친구를 보면 질투심이 치솟아 괴롭다.

엄마가 자기 자녀와 다른 집 자녀를 비교하는 것이 문제다. 엄마가 열등감이 심할수록 이런 현상은 더욱 심하게 일어난다. 친구의 애들은 완벽해 보여서 부럽다. 거기에 비해서 자기 자식들은 한없이 못나 보인다. 왜 이러는 걸까? 자기 열등감을 애들에게 투사하기 때문이다.

열등감이 심한 사람들은 자기에게 속한 것은 다 불량품으로 보는 심리를 갖고 있다. 예컨대 한 여성이 명품 가방을 무리해서 샀다. 그런데 일단 자기 것이 되고 나니 그렇게도 좋고 귀하게 보이던 가방이 너무 시시해 보였다.

생각해 보니 대학 때도 그런 일이 있었다. 최고로 인기가 좋은 동아리 회장 오빠가 있었다. 그런 오빠가 어느 날 자기에게 프러포즈를 했다. 믿기지 않았다. 그런데 사실이었다. 기쁜 마음으로 사귀던 중 어느 날부터인가 그 오빠의 결점이 보이기 시작했다. 굉장히 멋지고 커 보였던 오빠가 점점 시시해 보였고, 마침내 헤어지고 말았다. 일단 자기 것이 되고 나면 시시해지는 심리가 열등감의 심리이다.

'내가 시시한 사람이기 때문에 내가 가지고 있는 것도 모두 시시한 것일 수밖에 없어. 귀한 것이 내 것일 리가 없어.' 이런 심리다.

열등감이 심한 엄마는 자기 자녀도 자기처럼 시시한 애들로 보인다. 남의 자녀들과 자꾸 비교가 된다. 비교당한 자녀들은 열등감에 빠진다. 그래서 열등감은 대물림된다. 만일 부모가 자기 열등감을 치료하지 못한다면 자식들이 불행해진다. 열등감은 참 끈질기고 고통스럽다.

부모가
완벽주의일 때

고등학교 1학년 때였다. 국어를 가르치시던 선생님이 나에게 책을 읽어보라고 하셨다. 그 선생님은 당시 문단에서 인정받는 시인이기도 했다. 나는 일어나 책을 읽었다. 국어 선생님은 목소리도 좋고 의미가 잘 전달되게 읽었다고 나를 칭찬해 주셨다. 정말 기분이 좋았다. 자신감도 생겼다. 50여 년이 지난 지금도 소리 내서 책을 읽을 때는 문득문득 그때 생각이 난다.

나는 비교적 남 앞에서 발표하기를 좋아했다. 의과대학에 다닐 때는 의대 4중창단의 베이스를 맡기도 했고, 연극도 했다.

그런데 내 초등학교 때 친구 중에 유난히도 부끄럼을 타고 남 앞에서 발표하기를 두려워하는 친구가 있었다. 남 앞에서 자신을 드러내는 것을 몹시 두려워했다. 수업 중에 화장실에 가고 싶은데 선생님께 손을 들고 말하기가 겁이 나서 옷에 싸버린 일도 있었다. 그 뒤로 그 친구의 별명은 '싸배기'가 되었다. 열등감이 심한 친구였다.

자존감이 낮은 아이들은 남 앞에서 발표하는 것을 지나치게 두려워한다. 소심하고 자신감이 없기 때문이다. 너무 부끄러워서 항상 뒷전으로 숨는다. 나약한 외톨이가 되기도 한다.

자기 아이가 발표 시간에 겁을 먹고 쩔쩔매는 것을 보는 엄마의 심정은 말할 수 없이 아플 것이다. "바보 같은 자식"이라고 욕도 나올 것이다. 그러나 아이를 탓할 일이 아니다. 그럴 수밖에 없는 아이의 입장을 이해하고 왜 그렇게 되었는지 분석을 해봐야 한다. 이렇게 소심한 아이가 되는 데는 몇 가지 이유가 있다.

첫째는 부모 성격이 소심하고 집안 분위기가 조용할 때, 아이들도 부모를 닮아 남 앞에 서기를 망설일 수 있다. 아이 잘못이 아니다. 부모에게서 배운 것이다. 이런 아이들은 안심시켜주고 기다려주면 크면서 자신감을 갖게 된다.

둘째는 부모의 양육 태도이다. 아이가 작은 실수를 저질렀을 때 심하게 나무라고 구박하면 주눅이 들어 엄마의 눈치를 보는 소심한 아이가 된다. 엄마의 눈치만 보는 것이 아니고 남들의 눈치도 보게 된다. 실수하면 혼나고 창피를 당한다는 강박관념에 사로잡히게 된다. 부모가 완벽주의자일 때 이런 일이 자주 일어난다.

완벽주의자 부모에게는 백점 만점 아니면 빵점이 있을 뿐이다. 아이가 부모를 완벽하게 만족시키지 못하면 화가 난다. 아이는 엄한 꾸중을 듣는다. 아이는 부모의 기대에 미치지 못할까 봐 늘 초조하다. 그래서 실패 불안이 높다.

이런 아이들은 발표하다가 실수할까 봐 아예 포기해 버리고 뒷전으로 숨기도 한다. '모 아니면 도'이다. 일류 대학에 못 갈 것 같으니까 아예 대학을 포기하는 학생도 있었다. 실패 불안이 너무 높은 학생이었다. 피아노 연주회에서 자기 차례가 다 가오자 심한 복통을 호소하는 아이도 있었다. 가까스로 연주는 했으나 엉망이 되고 말았다.

부모가 완벽주의자일 때 자녀들은 열등감에 시달린다. 부모가 반성해야 한다. 태도를 바꿔야 한다. 소심한 아이는 안심시켜 줘야 한다. "걱정 마. 처음에는 다 그래. 너는 성격이 신중한 아이여서 그런 거야. 누구나 남 앞에서 발표할 때는 다 떨리는 거야." 윽박지르거나 겁을 주면 안 된다. "너 이거 못하면 오늘 집에 들어올 생각 마. 바보같이 이렇게 쉬운 것도 못하니? 다른 애들은 다 하잖아." 이렇게 윽박지르면 아이는 극도의 불안을 느낄 것이다. 불안해서 발표를 못하면 또 한 번의 패배 경험이 될 것이다. 자존감은 추락하고 말 것이다.

아이들은 각자 자기 스타일이 있다. 신중하고 느린 스타일이 있는가 하면, 사교적이고 활발한 스타일도 있다. 아이의 스타일을 존중해 주는 부모가 좋은 부모이다. 아이의 자존감을 높여주는 부모는 이런 부모이다.

자존감 높은 아이가
떼도 쓴다

아이 입장에서 아이의 감정을 생각해 보자. 아이들은 늘 엄마 눈치를 본다. 세상에 엄마처럼 중요한 존재가 없기 때문이다. '엄마가 나에게 화나신 것은 아닐까?' 그렇다 싶으면 아이는 불안해질 것이다. 엄마의 책망을 피하기 위해서 아이들은 나름대로 방법을 찾는다. 자기의 본모습을 감추고 엄마가 좋아하는 '가짜 자기'를 연기할 수 있다. 또한 아이는 엄마에게 인정받는 아이가 되고 싶다. 그래서 '착한 딸 콤플렉스' 또는 '착한 아들 콤플렉스'에 빠지기도 한다.

착한 딸 콤플렉스에 빠진 교수님이 있었다. 어릴 때부터 어머니가 좋아하실 행동만 골라 했다. 공부도 잘하고 말 잘 듣는 순종적인 아이였다. 항상 '예, 어머니'였다. 'No'라고 말하는 법이 없었다. 자신은 부모님이 예뻐하는 자식이 아니기 때문에 부모님의 인정을 받기 위해서는 부모님이 원하는 일만 해야 한다고 생각했다. 그러지 않으면 미움을 받게 될 것이기 때문이었다.

부모님의 미움을 받는다는 것은 끔찍한 일이다. 그래서 그녀는 늘 부모님의 눈치를 보았다. 자신의 생각과 느낌은 중요하지 않았다. 부모님의 생각과 느낌이 그녀의 행동 기준이 되었다. 그래서 자기주장도 없고 요구도 없었다. 뭘 갖고 싶어도 사달라고 떼를 쓰지도 않았다. 어머니가 하라는 대로 따를 뿐이었다.

이런 아이를 엄마는 칭찬했다. "착한 내 딸, 공부 잘하는 내 딸, 자랑스러운 내 딸, 엄마 속을 한 번도 상하게 하는 일이 없는 내 딸……." 그러나 그 말을 듣는 딸은 전혀 기쁘지 않았다. 때로는 화가 나기도 했다. '그런 평가를 얻어내기 위해서 나는 얼마나 많은 대가를 치렀던가…….' 그녀는 아이다운 모든 욕구를 포기해야만 했다.

그런데 어른이 된 지금 억울한 것은 이런 태도가 대인 관계에서 그대로 적용되고 있다는 것이었다. 이 교수님은 누구 앞에서도 엄마 앞에서 그랬듯이 당당하지 못하고 비굴해진다. 누구를 만나도 마음은 분주하게 계산을 한다. '내가 이렇게 말하면 나를 좋은 사람이라고 인정해 줄 거야. 그래야 날 좋아할 거야. 그러지 않으면 날 싫어할 거야.' 그래서 학생들에게 학점도 후하게 준다. 아무리 엉망인 학생에게도 낙제 점수를 줄 수가 없다. 주위 사람들에게 양보도 많이 한다. 상대방을 배려하는 마음이라기보다는 인정을 받고 좋은 평가를 받기 위한 사투였다. 우아한 백조가 물 위에 떠있는 것과 같았다. 물 밑에서 두 발은 분주히 헤엄치고 있는 것이다. '나는 위선자야. 이런 나를 누가 알까 두려워.' 그래서 그녀는 단 한 번도 사람을 마음 편하게 만나본 일이 없었다.

안쓰러운 삶이었다. 얼음처럼 차가운 완벽주의 엄마 때문이었다. 어릴 때 그녀는 이런 엄마에게 사랑받으며 안전(?)하게 사는 길은 엄마의 비위를 맞추는 길밖에 없다고 생각했던 것이다. 그녀는 엄마의 비위를 거스를 때마다 아픈 벌을 받았다. 상처받은 아이는 자기 욕구를 포기했다. '착한 딸'이 될 수밖에 없었다. 이렇게 어릴 때 시작된 '착한 딸 콤플렉스'는 어른이 되어서까지 따라다녔다.

겉으로 보이는 모습이 전부는 아니다. 아이가 너무 순종적이라고 좋아하기만 할 일은 아니다. 엄마는 아이의 속마음을 살펴줘야 한다. 속마음은 아이의 감정으로 표현된다. 너무 요구가 많고 짜증을 잘 내는 아이도 문제이지만, 너무 요구가 없고 자기감정을 표현하지 않는 아이도 문제다. 낮은 자존감을 숨기고 있는 아이일 수 있기 때문이다.

아이는 엄마에게 화도 낼 수 있어야 한다. 엄마에게 화를 내고 자기주장을 할 수 있는 것은 엄마가 대하기 편하고 친근감이 느껴질 때 가능한 일이다. 자존감 높은 아이가 떼도 쓸 수 있다.

2부

부모의 무의식이
자녀의 자존감을
결정한다

정신분석이
말하는 '무의식'이란?

우리 삶에는 자꾸만 반복되는 문제들이 있다. 무의식의 존재는 이것을 설명해 준다. 포샤 넬슨은 아름다운 시를 통해 인생의 여정을 5장으로 표현했다.

다섯 장의 짧은 자서전

제1장
나는 길을 걸어갔습니다.
그곳에는 깊은 구멍이 있었습니다.
나는 그 구멍에 빠집니다. 나는 길을 잃었습니다.
나는 무력해집니다.
이건 내 잘못이 아닙니다.
탈출구를 찾는 데는 아주 오랜 시간이 걸렸습니다.

제2장
같은 길을 걷고 있습니다.
그곳에는 깊은 구멍이 있습니다.
나는 그것을 못 본 척했습니다. 나는 다시 그 구멍에 빠져듭니다.
같은 자리에 빠졌다는 게 믿겨지지 않아요.
그러나 그것은 내 잘못이 아닙니다.
아직 나오려면 시간이 많이 걸립니다.

제3장

같은 길을 걷고 있습니다.

그곳에는 깊은 구멍이 있습니다.

나는 그 구멍이 있음을 보았습니다.

하지만 나는 다시금 그곳에 빠져듭니다. 이것은 습관입니다.

이제 비로소 나는 눈을 크게 뜹니다.

그리고 내가 어디에 있는지 알았습니다. 이건 내 잘못입니다.

나는 즉시 밖으로 나갑니다.

제4장

같은 길을 걷고 있습니다.

그곳에 깊은 구멍이 있습니다.

나는 그 구멍을 피해 걷습니다.

제5장

나는 이제 다른 길을 걸어갑니다.

어쩌면 많은 사람들이 포샤 넬슨이 노래한 인생의 1장과 2장에 머물고 있는지도 모른다. 괴로움에서 벗어나고자 노력하지만 비슷한 어려움과 실수를 반복하고 후회한다. 정신분석은 이러한 반복되는 불행의 이유를 내재되어 있는 무의식의 압력 때문이라고 본다. 각자가 자신 안에 존재하는 무의식의 압력을 발견하고 그것이 매일의 삶에 어떤 영향을 주는지 깨닫게 될 때 비로소 우리는 그 압력을 피해갈 수 있다. 정신분석은 우리가 인생의 3장을 거쳐 보다 자유롭게 삶의 방향을 선택할 수 있는 5장에 이를 수 있도록 돕는 과정이다.

우리의 마음에는 의식되지 않지만 분명히 존재하는 감정과 기억, 갈등, 환상, 남과 관계 맺는 방식, 나 자신에 대한 이미지들이 있다. 이것을 무의식이라고 한다. 100여 년 전 오스트리아의 정신과 의사 지그문트 프로이트는 인간의 마음에는 세 가지 영역이 있다고 말했다. 우리가 평소에 경험하는 의식, 평소에는 접근이 어렵지만 집중해서 바라보면 보이는 전의식, 그리고 접근이 어려운 무의식의 영역이다.

프로이트는 무의식에는 우리가 의식하기 불편해하는 기억, 감정, 생각들이 이미지의 형태로 억압되어 있다고 보았다. 덧붙여 무의식의 세계는 성장 과정에서 자신에게 위협이 되는 불편한 것들을 의식 밖으로 밀어냄으로써 생겨난다. 예를 들어 너무나 두려운 것, 지나치게 자극하는 것, 너무나 수치스럽게 하는 것, 몹시 역겹게 하는 것들이 바로 그것이다.

타인이 나에게 어떻게 행동할지 특정한 패턴을 예상하는

기억이 의식 밖에 있는 절차기억 procedural memory 으로 저장된다. 그 결과 어린 시절 대상과의 관계 경험은 무의식 세계에 저장되어 있다가 어떤 상황과 맥락에서 우리의 감정과 판단에 결정적인 영향을 준다. 의식에서 사라졌다고 해서 없어진 것은 아니다. 무의식에 자리하고 있다가 끊임없이 의식으로 올라오려 하며 우리의 생각, 감정, 성격, 삶의 방식, 의사 결정, 행동에 매 순간 강력한 영향을 미친다. 그런 방식으로 무의식의 세계는 때때로 우리의 마음에 고통을 일으키고, 인간관계에서 갈등과 문제를 일으킨다. 자존감의 문제에 대해서 근본적인 변화를 얻기 위해서는 무의식의 세계에 접근할 필요가 있다. 이것이 정신분석이 줄 수 있는 특별한 유익이다.

정신분석에서 분석가와 피분석가는 많게는 일주일에 4~5회, 그리고 길게는 수년 동안 만나 이야기를 나눈다. 안전한 테두리 안에서 내가 누구인지, 무의식의 어떠한 영향을 반복적으로 경험하는지 대화를 통해 함께 이해해 나간다. 한 번 이해가 되었다고 해도 무의식의 변화가 일어나기까지 같은 주제를 반복해서 다루기도 한다. 시간과 노력이 많이 소요되는 치료이지만, 가장 근본적인 지점인 무의식에서부터 의미 있는 변화를 일으키는 강력한 치료 방법이다.

정신분석은 내적 성장을 도와준다. 분석가와 깊이 연결되어 진행되는 체계적인 분석을 받으면, 심리적으로 성장하고 스스로 자존감을 유지할 수 있는 마음의 힘이 생긴다. 그 결과, 자신의 인생을 스스로 책임지고 결정하고 행동하는 능력, 견디기 어려운 감정을 견디고 관찰할 수 있는 능력, 갈등을 피하지 않고 견디는 능력, 삶 속에 실제로 존재하는 위험과 내 마음속 환상에 근거한 위험을 구별하는 능력, 지나치게 이상적인 내적 기준을 현실적이고 유연한 기준으로 대체하여 자신을 합리적으로 평가하는 능력이 생겨난다.

그렇다면 피분석가의 무의식에 어떻게 접근할 수 있을까? '자유연상'과 '꿈'이 중요하다. 피분석가는 자신의 마음에 떠오르는 생각들을 가능한 한 제한하지 않고 이야기한다. 이것을 자유연상이라고 부른다. 꿈도 무의식의 세계를 생생히 보여주는 분석의 자료가 된다.

과거 정통 정신분석에서는 분석가가 권위자로서 피분석가의 무의식을 해석하는 다소 일방적인 분석 방식을 택했다. 하지만 현대 정신분석에서는 분석가와 피분석가가 함께 무의식에 대해서 대화하고, 서로 피드백을 교환하는 상호작용의 방식으로 진행된다. 정신분석가는 자신의 마음에서 일어나는 감정이나 생각을 바로 드러내지 않는다. 분석가는 피분석가의 내면의 이야기가 더 생생하게 드러날 수 있도록 '빈 스크린'이 되어주어야 하기 때문이다. 피분석가가 분석가를 너무 잘 알고 있을 때에도 분석가가 빈 스크린 역할을 하기 어렵다.

    정신분석이 잘 진행될 때, 피분석가는 자신에 대해 깊이 이해하게 되는데 이것을 통찰 insight 이라고 부른다. 이 책에 인용된 여러 사례를 보면, 피분석가가 '아! 내 마음에 그런 문제가 있었구나!'라고 깨닫고 드라마틱한 치유를 경험한다. 일련의 과정을 압축해서 썼기 때문에 독자 입장에서는 매우 급작스러운 변화로 느껴질 수 있다. 하지만 실제로는 그 전에 수많은 분석의 과정이 있었기 때문에 이런 드라마틱한 변화가 일어날 수 있었다고 보는 것이 맞다. 피분석가의 변화는 서서히 그리고 눈에 드러나지 않게 일어난다. 또 한 번 이해됐다고 해서 모든 문제가 해결되는 것도 아니다. 우리는 계속해서 새로운 스트레스 상황에 노출되고 해결한 줄 알았던 갈등이 다시 발생하기 마련이다. 다만 통찰을 가질수록 자신의 상황을 잘 파악하여 극단적인 감정의 혼란 상태에 빠지지 않게 된다.

    무의식의 영향력은 강력하다. 따라서 여러 상황에서 통찰을 다시 적용해 가는 훈습 working through 의 과정이 필요하다.

정신분석 기간이 상당히 긴 이유가 여기에 있다.

용기를 내어 정신분석을 시도할 수도 있지만, 그것이 어렵다면 스스로 자기 분석을 시도해 볼 수 있다. 이때 도움이 되는 것이 '감정 일기'이다. 감정 일기는 일종의 마음 기울이기 mindfulness라고 할 수 있다. 나의 감정과 내가 대화하는 시간을 갖는 것이다.

나를 안다는 것은 내 안에 존재하는 다양한 감정의 스펙트럼을 안다는 것이다. 오늘 하루 있었던 일 중 기억에 남는 감정 경험이 있었다면 이것을 기록해 보자. 특히 도움이 되는 것은 그때 내 마음에 어떤 갈등이 있었는지도 생각해 보고 기록하는 것이다. 감정 일기를 통해 감정과 갈등을 인식하면 나의 진짜 목소리를 찾는 데 도움이 된다.

감정과 갈등을 기록하고 나서는 스스로에게 질문을 던져 보자. '나는 왜 그런 감정과 갈등을 느낄까?' 답을 찾지 못해도 좋다. 하지만 부끄러워하지 말고 그냥 나 자신에게 질문을 던져보자. 그리고 떠오르는 것이 있다면 기록해 보자. 이렇게 쌓아간 기록은 우리에게 문제의 답을 보여줄 것이다.

아이 때문에
감정이 소용돌이친다면

앞 장에서 아이의 자존감을 키워주기 위해서는 부모의 양육 태도가 중요하다는 말을 했다. 아이가 태어나서 처음으로 맺는 인간관계가 엄마이다. 이 관계의 형태가 아이의 이후 대인 관계의 원형이 된다. 엄마에게 충분한 사랑을 받고 인정받은 경험을 한 아이들은 다른 사람도 자신을 그렇게 대해줄 거라 믿는다. 그러니 사람을 대할 때 마음이 편하고 당당하다. 인생이 편할 수밖에 없다.

그런데 이런 얘기를 들으면 부담감을 느낀다는 분들도 많다. '내가 과연 좋은 엄마가 될 수 있을까?' 하는 의심이 들고 자신이 없어진다고 한다. '내가 잘못 키워서 혹시 아이가 잘못되면 어떡하지?' 하며 죄책감을 느낀다는 분들도 있다. 아이에게 괜히 미안한 마음이 든다고도 한다.

그런데 우리가 바라는 것은 완벽한 엄마가 아니라 좋은 엄마이다. 엄마도 인간인 이상 완벽한 엄마란 존재할 수 없다. 때로 실수도 하지만 아이를 사랑하는 마음으로 최선을 다하고 있다면 그것으로 족하다.

그렇다면 좋은 엄마란 어떤 엄마일까? 아이를 좋아하는 엄마이다. 그리고 아이를 좋아하려면 엄마의 마음이 편해야 한다. 무슨 이유로라도 엄마의 마음이 편치 않다면 엄마는 아이를 있는 그대로 바라볼 수 없다. 자신의 감정에 휘둘려 아이의 감정에 제대로 반응할 수 없다. 자신의 감정을 제대로 수용 받지 못한 아이들은 자신의 가치에 대해 의문을 품게 된다. 자존감이 낮아질 수밖에 없다.

엄마들은 무엇 때문에 마음이 편하지 않게 될까? 세상에는 그런 이유들이 널려있다. 일만 알고 집안일은 나 몰라라 하는 남편의 무심한 태도는 아내를 화나게 한다. 시댁과의 관계도 부담스럽다. 1등만 기억하는 무한 경쟁사회는 내 아이만 뒤떨어질 것 같은 불안을 부추긴다.

이런 상황들은 분명 우리의 마음을 불편하게 한다. 그래도 어떤 사람들은 같은 상황이라도 긍정적인 면에 집중하고 곧 마음의 평화를 찾는다. 그런데 별 것 아닌 일에도 마음이 소용돌이치고 계속 신경을 거스르는 게 있다면 그 원인은 상황 자체보다 다른 데 있을 수 있다. 엄마의 마음 깊숙이 숨어있는, 엄마가 어릴 때 받은 마음의 상처가 그 원인일 수 있다.

어릴 때 마음의 상처를 받으면 아이의 마음은 거기서 그대로 성장을 멈춰버린다. 그리고 더 자라지 못한 채 '마음속 아이'로 남게 된다. '마음속 아이'란 사람의 정신세계를 지배하는 무의식으로, 어린 시절의 부정적인 경험 때문에 생긴다.

비합리적인 세계인지라 때때로 어이없는 감정과 착각을 불러일으킨다.

아이와의 관계에서 이해하기 어려운 감정이 치밀고 올라올 때는 '마음속 아이'와 의식 세계에서 만나야 한다. 그걸 발견하고 어루만져 줘야 한다. 마음속 아이를 만나고 이해하면 치유가 일어난다. 내 마음 안에 있는 문제는 내가 이해하는 만큼 치유되고 성장하기 때문이다.

그래서 내 아이를 자존감 높게 키우고 싶다면, 아이의 자존감을 높여주려고 애쓰기보다 나의 내면을 들여다보고 나의 자존감을 높이는 게 우선이다. 왜냐하면 엄마의 유년기 내적 경험이 아이와의 관계에 영향을 미치기 때문이다.

좋은 부모가 되기 위한 첫걸음은 부모 스스로가 자신의 내면을 들여다보는 것이다. 결국 자기 자신을 잘 아는 것이 아이를 잘 키우는 것이다.

대한민국에서
엄마로 산다는 것

부모 노릇이야 어느 나라 부모에게나 다 어려운 일이지만 한국의 엄마들에게는 특히 어렵다. 우리 사회가 엄마들에게 너무 무리한 요구를 하기 때문이다.

많은 엄마들이 직업을 갖고 있다. 직장에서는 엄마들에게 완벽한 직업인이 돼달라고 요구한다. 밤늦게까지 일을 맡기고, 회식에도 빠지지 말라고 요구한다. 엄마는 집에서 기다리는 아이가 눈에 밟혀서 괴롭다. 그래도 회사에서 무능한 사람으로 무시당하기는 싫다. 조직문화를 파괴하는 사람이라는 평가도 견딜 수 없다. 또한 직업을 통해서 이루고 싶은 꿈이 있다. 어릴 때부터 키워온 개인적인 꿈도 있다. 그 꿈을 이루고 싶은 것이 한 인간으로서 엄마의 소망이다. 친구들 앞에서 당당하게 성공도 하고 싶다.

그러나 집에 오면 엄마는 아이 앞에서 죄인이 되고 만다. 아이를 방치한(?) 죄인이 된다. 밖에서 놀다 온 것도 아닌데……. 빨래, 청소, 식사 준비, 그리고 아이 숙제 봐주기 등이 줄줄이 기다리며 피곤한 어깨를 짓누른다. 특히 한국 사회에서는 전통적으로 아이 기르는 책임이 교육을 포함해서 엄마 몫이다. 학원 라이드도 해줘야 하고, 학습 정보를 얻기 위해서 엄마들 모임에도 나가야 한다. 좋은 학원 근처로 이사도 가야 한다. 이렇게 한국의 엄마들은 육아와 개인적 성취 두 가지 역할을 완벽하게 해내야 한다. 원더우먼이 돼야 가능할 일이다.

직장 다니는 엄마는 어디에 있어도 좌불안석이다. 회사에 있으면 혼자 집에 있을 아이가 마음에 걸리고, 아이 곁에 있으면 '내가 이러고 있을 때가 아닌데…….' 하며 회사 일이 마음에 걸린다. 어디에 있어도 마음이 편치 않다. 어느 쪽도 포기할 수 없다. 둘 사이에 끼어서 갈등하다가 대부분의 엄마들은 양쪽에 다 불성실한 죄인이 된 느낌이다.

그래서 어떤 엄마들은 아예 개인적 꿈과 직장을 포기하기도 한다. 아이 교육에 올인하는 것이다. 아이의 인생과 교육에 엄마가 얼마나 중요한 역할을 하는지 잘 알기 때문이다. 그런데 여기에도 문제는 있다. 아이가 명문대에 진학하는 것, 즉 입시 성공이 엄마 인생의 목표가 되는 것이 문제를 낳는다. 엄마 인생의 성공과 아이의 입시 성공이 동일시되면 엄마가 마치 연예인들의 매니저같이 아이의 매니저 역할을 하게 된다. 이렇게 되면 엄마는 과도하게 아이에게 집착하고 사무적인(?) 요구가 많아질 수밖에 없다.

아이가 기대만큼 따라주지 못할 때도 엄마는 초조해진다. 입시에 실패라도 하면 자기 인생도 함께 무너지는 느낌이다. 이럴 때 엄마는 아이가 원망스럽고 보기 싫어지기도 한다. 희생에 대한 보상을 받지 못했기 때문이다. 엄마의 자기 생활이 없기 때문이다. 엄마와 아이가 분리되지 못할 때 생기는 부작용이다. 이렇게 엄마가 직업을 가져도 문제는 있고, 육아에만 전념해도 문제는 생길 수 있다. 이럴 수도 없고 저럴 수도 없고……. 부모 노릇은 참 어렵다.

엄마들은 단 하나의 정답을 찾고 싶다. 한 가지 말씀드리고 싶은 것은 인간의 생활 형편이 매우 다양하다는 것이다. 아이들의 기질도 각기 다르다. 따라서 해법도 개인적이고 다양할 수밖에 없다. 그래서 이런 상황을 무시한 극단적이고 획일적인 선택은 심한 부작용을 낳는다.

사회적 압박의 희생자들

김 군의 엄마는 40대다. 고등학교 2학년인 아들을 데리고 나를 찾아왔다. 김 군 엄마는 살고 싶은 마음이 없을 정도로 우울하다고 했다. 도대체 어떻게 해야 할지 모르겠다고 했다. 항상 기진맥진이라고 했다. 모든 것이 아들 때문이라고 했다.

아들은 중요한 시험이 닥쳐와도 전혀 개의치 않고 잠을 자거나 컴퓨터로 영화를 보고 음악을 들으며 시간을 허비한다고 했다. 엄마는 애가 바싹바싹 탔다. '저러다가 시험을 망치면 어쩌지?' 갖가지 불안한 생각이 몰려온다. 그러다가 인내의 한계에 도달하면 폭발한다. 고함을 지르고 심한 말을 하고 두들겨 패주기도 했다. 그래도 아이는 별 반응이 없다. 아이와 싸우다가 엄마는 지쳐버렸다.

김 군의 엄마는 명문 대학을 나온 엘리트다. 남편도 명문 대학을 나왔고 소위 좋은 집안 출신이다. 아들 김 군을 낳았다. 부러울 것 없는 인생이었다. 김 군이 돌잡이에서 연필을 잡자 시아버지는 껄껄 웃으시며 "저 녀석이 우리 집안의 피를 받아 S대에 가려나 보다." 하셨다.

그날 이후 엄마는 '아들을 잘(?) 키워야 한다.'는 생각에 사로잡혔다. 아들을 잘 키운다는 것은 명문대에 넣는 것이었다. 그래야 시댁 수준에 맞는 며느리가 되고, 완벽한 엄마로 인정받을 수 있을 것 같았다. 그때부터 아들을 명문대에 넣는 것이 인생 목표가 되어버렸다.

막상 입시에 관심을 갖고 뛰어들어 보니 무서운 전쟁터였다. 어느 학원, 어떤 선생님에게 배우느냐에 따라 아이들의 순위가 정해졌다. 아들이 경쟁에서 뒤처진다고 생각하면 온몸이 오그라드는 것같이 불안하고 화가 났다. 엄청난 학원비가 들었지만 돈을 따질 때가 아니었다. 안쓰럽게도 그녀는 개인적인 꿈을 포기했고, 여성으로서 누리고 싶은 모든 욕구들을 다 뒤로 밀쳐두었다. 좋은 옷, 명품 가방, 즐거운 여행, 취미 생활……. 그렇게도 하고 싶었던 미술치료 공부도 포기했다. 김 군 엄마는 청바지에 배낭 하나 메고 화장기 없는 얼굴로 입시 정보를 얻기 위해 분주하게 뛰어다녔다. 자식 사랑하는 마음이야 감동적이지만 뭔가 잘못되어 있는 것처럼 보였다.

나는 이런 엄마들을 많이 보았다. 딸아이 학원비 대느라고 수억 원의 빚 속에 빠진 젊은 엄마도 보았다. 가정이 깨질 위기에 내몰려 있었다. 이런 엄마들은 모두 외적 압력의 희생자들이다. '갑과 을의 사회구조'가 있다. 갑은 특권을 누리는 자이고 을은 복종하는 자이다. 갑은 부유하고 을은 가난하다. 갑은 화려하고 을은 초라하다. 갑은 지배자이고 을은 피지배자이다. 갑은 죄를 짓고도 떵떵거리며 잘 사는데, 을은 장발장처럼 작은 죄를 짓고도 큰 벌을 받는다.

　빈부 격차가 큰 사회에서는 필연적으로 갑과 을의 대립이 심각해진다. 이런 사회구조 속에서 인간은 모두 갑이 되려고 한다. 어머니들은, 특히 을의 서러움을 많이 당한 어머니들은 무슨 수를 써서라도 자식들을 갑으로 만들고 싶다. 소위 갑에 속한 어머니들도 그 자리를 잃지 않으려고 눈에 불을 켠다. '보통 갑'으로 만족하지 못하고 자식을 '슈퍼 갑'으로 만들려는 어머니도 있다.

　그런데 생각해 보자. 인간의 값을 이렇게 단순하게 '갑과 을'로 양분할 수 있는 것인가? 신분이나 재산 같은 외적 가치로 인간을 나눌 수 있을까? 그리고 또 물어보자. '명문대 나온 사람들은 다 행복할까?' 우리 사회는 아이들의 개성을 무시하고 좋은 대학만을 강요한다. 모든 아이를 성적만을 기준으로 한 줄로 세워놓고 경쟁시키고 패배감과 열등감을 조장한다. 성적을 최고로 치는 부모는 아이에게 죄책감도 준다. "너 때문에 엄마가 이 고생을 하고 있어. 다 너 하나 잘 되라고 하는 짓이야." 김 군이 침대에서 일어나지 않을 때 김 군의 엄마가 많이 했던 말이다.

"더 이상은 이렇게
살기 싫어요"

김 군은 기분 좋은 느낌을 주는 소년이었다. 어머니가 나에게 말씀하시는 동안 그의 행동이 흥미로웠다. 거의 잠자는 듯이 눈을 감고 있었다. 어머니의 말씀을 듣지 않으려고 작정한 것 같았다. 무관심의 벽을 치고 있는 것 같았다.

그러나 엄마가 자기 생각과 다른 말씀을 하실 때는 따지듯이 자기 생각을 짧게 던지곤 했다. 그럴 때에도 눈은 감고 있었다. 도무지 엄마의 존재를 인정하고 싶지 않은 듯 했다.

김 군은 어릴 때는 엄마 말 잘 듣는 착한 아들이었다. 공부도 잘했다. 유치원 때부터 가는 곳마다 1등을 했다. 엄마는 신이 났다. 하지만 자기는 놀고 싶었다고 했다. 모든 스케줄은 공부와 학원을 중심으로 돌아가고, 노는 시간은 없었다. 심지어 잠잘 때도 영어 공부를 위해 이어폰을 꽂고 자야 했다.

문제는 중학생 때 시작되었다. 사춘기가 되자 '더 이상 이렇게 살기 싫다.'는 생각이 들었다. 공부도 자기가 하고 싶을 때 하고, 하기 싫을 때는 하지 않기로 마음먹었다. 그럴 때마다 어머니와 충돌이 일어났다. 그도 좋은 대학에 가라는 어머니 말씀이 옳다는 것을 안다고 했다. 좋은 대학 나와야 인정받고 편하게 살 수 있다는 것을 알지만, 이상하게 몸이 따라주지를 않는다고 했다. 자꾸 잠만 자고 싶다고 했다. 그러다가 엄마의 인내가 한계에 도달하면 난리가 나고 만다. 그런데 이상한 것은 한바탕 난리를 치르고 나면 김 군은 속이 개운해진다고 했다. 마치 빗물에 먼지가 씻겨내려간 것처럼 답답한 마음이 풀린다고 했다.

"엄마는 자기 사생활이 없어요. 오로지 내 성적에만 매달려 사세요. 엄마 심정이 한편 이해도 되지만 저로서는 숨이 막혀요." 김 군은 또 이렇게 말했다. "무엇을 해야 할지, 왜 공부를 해야 하는지 도무지 모르겠어요."

내 생각에 김 군은 아이덴티티 크라이시스 identity crisis에 빠진 것 같았다. 어머니의 요구에 따라 살다가 이제 자기 마음의 주인이 되려 하고 있었다. 공부도 이제까지는 엄마의 강요에 의해서 했지만 이제는 자기 선택에 의해서 하겠다는 것이었다. 건강한 성장의 신호였다.

나는 수개월간 매주 김 군을 만났다. 김 군은 여전히 잠을 많이 잔다. 엄마의 걱정도 여전하다. 그러나 김 군은 달라졌다. 시험이 임박한 어느 시점에 벌떡 일어나 폭포수처럼 몰아쳐 공부를 했다. 도저히 더 이상 누워있을 수 없는 시점에 도달했을 때 그는 벌떡 일어났다. 그 시점이 언제인지 김 군 자신도 예측할 수 없었다. 공부할 시간이 부족한 것을 아쉬워하면서 밀린 공부를 해치웠다. 결과는 놀라웠다. 좋은 성적을 올렸다. 자신도 믿기지 않을 정도였다.

아직도 김 군과 엄마의 밀고 당기기는 계속되고 있다. 그러나 나는 김 군이 자기 마음의 주인으로 행동하는 것을 보는 것이 즐겁다. 어머니도 안심시켜 주었다. 명문대도 좋지만 아들이 자기 마음의 주인이 되어 성장하고 있는 것을 확인하는 것은 더욱 기쁘고 안심되는 일이라고…….

성공한 엄마란?

아이를 어떻게 기르는 것이 잘 기르는 것일까? 자식 교육에 성공한 엄마란 어떤 엄마일까? 김 군 엄마의 생각처럼 아들을 좋은 대학에 넣는 것일까? 한국의 많은 엄마들이 이렇게 생각하고 있다. 아니 한국 사회가 이렇게 생각한다고 해도 무리가 아닐 것이다. 그러나 명문 대학보다 더 중요한 것이 있다. 아이를 '자기 인생의 주인으로 사는 사람'으로 키우는 것이다. 그렇게 키웠다면 자식 농사에 성공한 엄마다.

자기 판단은 없이 다른 사람의 강요에 복종하며 기계적으로 사는 사람은 인생의 맛을 볼 수가 없다. 짜장면 한 그릇을 먹어도 자기 입맛대로, 자기가 선택해서 먹는 사람이 행복하다. 이런 사람은 스트레스를 견디는 힘도 강하다. 후회도 덜 한다. 자기가 선택한 것이니까 책임지기도 쉽다. 그러나 '짜장면을 주문해야 엄마가 좋아하실 거야.' 그래서 짜장면을 주문하는 아들은 짜장면의 맛을 즐길 수 없다. 짜장면 먹고 배탈이라도 나면 엄마를 원망할 것이다.

자녀를 눈치보며 복종하는 아이로 키우는 엄마들이 있다. 순종하니까 엄마는 쉽고 편하다. 만족스럽다. 그러나 아이는 불행하다. 나약한 아이가 된다.

엄마 입장에서 아이가 자기주장을 하면 짜증도 나고 힘

들 수 있다. 그러나 아이가 자기 마음의 주인으로 살 수 있게 키웠다면 성공한 엄마라 할 수 있다. 사실 아이를 이렇게 독립적으로 키우고 싶다고 생각하는 엄마들이 많을 것이다. 그러나 이걸 방해하는 장애물이 있다. 앞서 말한 명문대 진학을 강요하는 사회적 압박이다.

자식이 경쟁에서 패배자가 되는 것을 보고만 있을 엄마는 없다. 벗어부치고 나서다 보면 강요하는 엄마가 되고, 아이는 수동적인 아이가 되고 만다. 김 군처럼 사춘기에 엄마와 벽을 쌓고 지내는 아이가 되기도 한다.

한국 사회는 유난히 이런 사회적 압박이 심하다. 앞에서 이야기한 '갑과 을의 사회구조' 속에서 엄마들이 받는 압박감은 살인적이다. 엄마가 이런 거대한 사회적 분위기를 바꿔놓을 수는 없다. 그래서 좌절감을 느낀다. 그러나 답이 없는 것은 아니다. 엄마 스스로의 마음은 바꿀 수 있다. 엄마의 마음 상태에 따라 아이들의 내적 성장이 달라진다. 아이들에게 엄마는 곧 우주이기 때문이다. 똑같은 사회적 분위기에 노출되지만, 엄마의 마음과 생각에 따라 아이들과 나누는 관계의 성격은 달라진다.

자신의 유년기 경험 때문에 아이들과 불편한 관계를 만

드는 엄마들이 있다. 사회적인 압박 못지않게 엄마의 유년기 내적 경험이 아이와의 관계에 영향을 준다. 엄마들은 아이들과 나누는 관계의 성격에 대해서 신경을 써야 한다. 엄마들이 피해야 할 관계는 김 군 엄마와 김 군처럼 간섭하고 강요하는 엄마와 피동적인 아이의 관계가 되는 것이다. 이 문제는 다음 장에서 다루겠다.

산후우울증의
비밀

K는 30대 후반의 변호사이다. 아이를 낳은 후 이유를 모르게 마음이 우울해졌다. 기운도 없고, 재미있는 것도 없고, 사람 만나기도 싫었다. 거울을 보면 아이를 낳고 변한 자신의 모습이 초라하게 느껴졌다. 동료들은 꿈을 향해 달려가고 있는데 자신은 할 일 없이 빈둥거리고 있는 것 같아서 초조했다. 모든 게 아이 때문이라는 생각이 들었다. 아이가 자기 인생을 가로막고 있는 것 같았다. 자기 인생의 꿈을 포기하고 이제는 아이만 돌봐야 할 것 같았다. 억울했다. 그리고 아이가 원망스러웠다. 자꾸 눈물이 나왔다. 그러나 이런 심정을 누구에게도 말할 수 없었다. '애가 무슨 죄가 있다고 내가 이런 마음을 갖지? 나는 벌 받을 엄마구나.' 자꾸만 죄책감이 들었다.

이 와중에 밤과 낮이 바뀐 아이는 밤마다 자지 않고 울어댔다. 누군가 대신 키워줬으면 좋겠다는 마음까지 들었다. 아이는 울어대고 잠은 잘 수 없고, 미운 마음이 참을 수 없는 상태에 이르렀다. 어느 날, 그녀는 아이를 목 조르는 상상을 하고 있는 자신을 발견하고 소스라치게 놀랐다. 그렇게 정신 치료가 시작되었다.

진단은 산후우울증이었다. 산후우울증은 열 명의 산모 중 한 명이 걸릴 정도로 흔한 병이다. 원인은 여러 가지가 있다.

임신 중에는 호르몬이 아이를 중심으로 유지되다가 아이를 낳은 후에는 어머니 중심으로 다시 돌아간다. 이런 호르몬 변화의 영향으로 기분이 우울해질 수가 있다. 하지만 모든 산모들이 산후우울증에 걸리는 것은 아니다. 호르몬 변화에 민감하게 반응하는 심리적 인자가 작용하는 산모가 산후우울증에 빠진다. 특별한 심리적인 인자를 가진 사람들이다. 그녀도 산후우울증에 빠진 이유를 갖고 있었다.

그녀는 딸만 셋인 집안의 막내였다. 그녀가 태어났을 때 아들을 기다리던 부모는 몹시 실망했다. 특히 아들 낳기를 기다린 분은 할머니였다. 아들을 낳지 못한다며 어머니를 죄인 취급하고 구박했다. 더구나 어머니는 부자였던 할머니에게 경제적으로 의존해야 하는 형편이었다. "이번에도 또 딸을 낳으면 생활비를 끊어버리겠다." 이렇게 할머니가 엄포를 놓고 있던 차에 그녀가 태어났다. 그녀를 낳고 어머니는 많이 울었다고 한다. 딸로 태어난 아이가 원망스러웠다고 한다. 이 대목에서 나는 아기를 원망하고 미워하는 엄마를 볼 수 있었다.

그런데 이런 엄마의 모습은 딸을 낳고 아이를 미워하는 그녀의 모습이기도 했다. 유아기 적에 경험했던 엄마와 딸의 관계, 즉 '미워하는 어머니와 미움 받는 딸'의 관계를 자기 아이와 자기의 관계에 옮겨놓고 있었다. 이번에는 자신이 가해자, 즉 미워하는 어머니 역할을 하고 갓난아이에게 피해자, 즉 미움받는 불쌍한 아이 역을 주었다.

정신분석을 하다 보면 이런 현상을 흔히 볼 수 있다. 대상관계의 재현 internal object relations이라고 한다. 유아기 때 입은 상처를 치유하려는 노력이라 할 수 있다. 당하기만 했던 자기가 이제는 피해자가 아니라 가해자가 되어 당시의 한을 풀어보려는 시도를 하고 있는 것이다. 현실성도 없고 전혀 합리적이지도 않은 시도지만 한 맺힌 무의식은 때때로 이런 시도를 한다.

나는 정신분석을 하면서 내담자가 기억하지도 못하는 유아기 경험을 생생하게 재현하는 것을 볼 때마다 신비로움을 느낀다. 유아기의 경험은 무의식에 남아있기 때문에 기억할 수도 없다. 그러나 무의식은 인간의 정신세계를 휘두르는 엄청난 힘을 갖고 있다. 그래서 우리는 늘 자기 마음의 소리에 귀를 기울여야 한다.

산후우울증에 빠진 그녀는 또 다른 심리적 이유를 갖고 있었다. 원치 않는 아이였던 그녀는 귀한 아이로 인정받고 싶었다. 그러기 위해서 필사적으로 노력했다. 악착같이 공부해서 사법고시에도 합격했다. 그녀의 행동에는 하나의 패턴이 있었다. 어려서부터 선택의 중심에는 항상 부모님이 있었다. 부모님에게 인정받는 것이 행동의 기준이었다. 그녀의 무의식에서 마음속의 아이는 '엄마, 나 쓸모없는 애 아니지? 나 이렇게 유능한 아이니까 버리지 말아줘.' 이렇게 애원하고 있는 것 같았다. '쓸모없으면 버림받는다.' 이것이 바로 그녀가 갖고 있는 공포였다. 절대로 무능하고 하찮은 존재가 되어서는 안 되는 이유가 여기에 있었다. 쓸모 있는 사람으로 인정받는 것이 그녀의 생존 전략이었다.

"저는 나름대로 열심히 살았고 친구들이 부러워하는 위치에 있어요. 그런데도 불구하고 돌이켜보면 단 한 번도 행복하다는 느낌을 가져본 적이 없어요. 항상 부족한 느낌이고 무언가에 쫓기듯 초조해요."

그녀의 산후우울증은 어떻게 온 것일까? 아이를 낳고 출산휴가 중에 그녀는 세상에 태어나서 처음으로 아무 일도 하지 않고(?) 산후조리만 했다. '일하지 않으면 쓸모없는 사람이고, 쓸모없으면 버림받는다.'는 마음의 공식을 갖고 있는 그녀의 마음속 아이는 출산휴가 상황에 당황했다. 어릴 때부터 평생을 그렇게도 두려워했던 상황이 벌어진 것이다. '지금 애나 보고 있을 때가 아니야. 일을 해야 돼. 빨리 칭찬받을 일을 해

야만 해. 이러다 정말 큰일난다.'

그런데 아기에게 묶여서 꼼짝할 수가 없다. 아기 때문에 인생의 성공을 놓칠 뿐만 아니라 평생을 피하려고 안간힘을 써왔던 버림받는 인생이 되는 것이었다. 그래서 아기가 미웠고 심지어 제거하고 싶을 정도로 귀찮았던 것이다.

정신분석 후, 그녀는 마음의 착각에서 깨어났다. 안개가 걷히듯이 우울에서 벗어났다. 회복된 후 그녀의 말이 인상적이었다. "이렇게 예쁜 아이를 내가 그렇게도 싫어했다니 믿을 수가 없어요. 눈에 뭐가 씌었던 것 같아요." 그녀는 앞으로 새로운 인생을 살 것 같다고 하며 분석실을 떠났다.

정신분석은 마음속에 숨겨진 진실을 찾아가는 하나의 탐험이라고 말할 수 있다. 자신의 마음이지만 자신도 모르게 작동하는 것이 무의식이다. '마음속의 아이'는 무의식에서 살고 있다. 치유는 이 아이를 의식 세계에서 만나는 것이다. 만나고 이해하면 치유가 일어난다. 마음속 아이를 발견했다면 치유는 이미 시작된 것이라고 볼 수 있다.

유년기의 경험이
말해주는 것들

매사에 똑 부러지는 40대 여성 C는 중학교 교사로 일하고 있다. 경제적으로 부유하고 스스로 생각해도 남부러울 것이 없는 분이다. 다만 중3인 딸 때문에 속이 상했다. 이상하게 딸이 하는 짓마다 눈에 거슬리고 화가 치밀어 올랐다. 수개월 전 딸의 일기장을 훔쳐본 것이 발단이 되었다. 일기장에는 이렇게 쓰여있었다. '나는 엄마가 싫다. 매사에 간섭만 하고 내가 원하는 것은 하나도 해주지 않는다. 엄마는 자기가 원하는 것을 내게 강요한다. 엄마가 없는 곳에서 살고 싶다.'

그녀는 큰 충격을 받았다. 그리고 화가 치밀어 올랐다. '괘씸한 것, 자기가 원하는 것을 내가 안 해준 것이 뭐가 있어? 예쁜 옷에 해외여행, 어학연수까지……. 모든 것을 최고급으로 다 해주었는데 고마운 줄도 모르고 내가 해준 게 없다고?' 그녀는 딸이 원수같이 미웠다. 정나미가 떨어져서 보기도 싫었다. 그러나 그 일이 있기 전까지는 딸을 아주, 아주 좋아했다.

아이가 유치원 다니던 어느 날 일을 잊을 수가 없다고 했다. 그녀가 부엌에서 음식을 만들고 있는데 딸이 달려와 품에 폭 안기면서 "엄마, 나는 엄마가 세상에서 제일 좋아."라고 했다. 그 말이 얼마나 좋았던지 눈물이 날 뻔했다. 딸의 작은 몸을 꼭 안으면서 "엄마도 우리 딸이 세상에서 제일 좋아."라고 말해주었다. 그 후로도 딸은 엄마를 기쁘게 해주었다. 착하고 모범적이며 공부도 잘했다. 딸이 늘 자랑스러웠다. 그런데 일기장 사건 후로 딸이 싫고 미워졌다. 너무나 극적이고 갑작스러운 감정의 변화였기 때문에 스스로도 놀랐다.

C의 이런 반응은 지나친 데가 있다. 본인도 느꼈다. 사춘기 딸이 엄마에게 부정적인 감정을 느끼는 것은 흔한 일이다. 그런데 이 교양 있는 엄마는 왜 이렇게 화가 난 것일까? C의 유년기에서 그 이유를 찾을 수 있었다. 정신분석이 도움이 되었다.

어릴 때 그녀의 집안은 몹시 가난했다. 아버지는 무능하고 생활 능력이 없었다. 가족을 먹여살리는 일은 어머니의 몫이었다. 어머니가 일 나가시면 큰딸인 C가 동생들을 돌봐야 했다. 겨우 초등학생이었지만 친구들과 놀고 싶어도 그럴 수 없었다.

그런데 자기 반에 부잣집 딸이 있었다. 그 애는 좋은 것을 너무너무 많이 갖고 있었다. 예쁜 옷, 예쁜 필기구, 예쁜 운동화, 예쁜 가방……, 그 애는 발레도 배웠다. 어린 C로서는 엄두도 못 낼 일이었다. 그 아이는 공부도 잘해서 선생님들의 귀여움도 독차지했다. 모든 좋은 것을 다 누리고 사는 그 애가 부러웠다. 너무 부러워서 억울하고 화가 나기까지 했다. 그럴수록 C는 이를 악물고 공부했다. 마침내 대학을 졸업하고 임용고시에 합격했다. 가난도 이겨냈다.

그런데 이상하게도 C는 중·고등학교 때부터 부잣집 애들만 보면 기가 죽고 화가 올라왔다. 부잣집 아이들만 보면 초등학교 때 부잣집 딸에게 느꼈던 질투심이 되살아났다. C의 무의식은 초등학교 때 부잣집 딸과 다른 부잣집 딸들을 동일시 identification하고 있었다. 하나의 착각이었다.

인간의 무의식은 자주 어이없는 착각을 일으킨다. 무의식의 세계는 의식의 세계와는 달리 합리성이 없는 세계이기 때문이다. 이런 착각이 엉뚱한 사람에게 사랑을 느끼게도 하고, 반대로 엉뚱한 증오심을 불러일으키기도 한다.

C의 딸에 대한 분노도 이 무의식적 착각 때문이었다. 초등학교 때의 부잣집 딸과 자신의 딸을 동일시한 데서 올라온 감정이었다. 딸이 엄마의 노고와 은혜를 몰라주기 때문에 일어난 분노가 아니었다. 의식에서는 그렇게 생각되었지만 C의 무의식에서는 전혀 다른 스토리가 진행되고 있었다. 무의식은 좋은 것만 입고 좋은 것만 먹고 좋은 것을 다 누리고 사는 자신의 딸을 초등학교 때 부러워했던 부잣집 딸로 착각하고 있었

다. 딸의 일기를 읽고 분노가 치밀어 올랐던 것은 한마디로 자신의 부잣집 친구에 대한 부러움과 시기심에서 유래한 것이었다. 좋은 것을 누리고 잘난 체하는 친구와 딸을 동일 인물로 착각하고 있었던 것이다.

어릴 때 C의 무의식에 있는 마음속의 아이는 그 친구에게 이렇게 말했을지 모른다.

'네가 뭔데? 뭐가 잘나서 그렇게 잘 입고 잘 먹고 잘 사는 건데? 나는 이렇게 가난하고 배고픈데……. 나는 네가 미워. 네가 망했으면 좋겠어!'

그리고 어릴 때 친구에게 했던 말을 지금은 자기도 모르게 사랑하는 딸에게 하고 있었다. 무의식에서 느꼈던 부러움과 시기심이 딸에게까지 투사되었던 것이다. 무의식의 함정이었다.

'눈에 넣어도 아프지 않을 만큼 사랑하는 딸인데 내가 시기하다니, 말도 안 돼.'

부인은 자신의 심리적 현실을 직면하자 당황했다. 그러나 다행히 고비를 넘기고 딸에 대한 자신의 감정을 이해할 수 있었다. 그리고 곧 평상심을 회복했다.

C처럼 심리적 착각에 빠지지 않기 위해서라도 어머니들

은 자신의 감정을 잘 살펴볼 필요가 있다. 특히 자신의 유년기 경험을 잘 이해할 필요가 있다. 아이들을 키우다가 이해하기 어려운 감정이 치밀고 올라올 때는 자신의 감정이 어디서 유래한 것인지 성찰해 볼 필요가 있다. 유년기의 어떤 사람과의 관계가 개입되어 있는 경우가 많다.

불편하고 힘든 감정들이 보내는 신호

많은 사람들이 이렇게 말한다. "내 마음을 나도 모르겠어!" 내 마음인데도 마음의 주인인 내가 알 수 없는 감정이 밀려올 때가 있다. 특히, 나도 이해할 수 없는 강렬한 감정의 소용돌이가 일어날 때면 더욱 당황스럽고 혼란스럽다.

감정은 내 마음이 나에게 보내는 신호이다. 비록 없애버리고 싶은, 몹시 불편한 감정이라 할지라도 그 안에는 매우 중요한 나만의 스토리가 들어있다. 내 감정에 호기심을 가지고 이해하려고 노력해 보자. 이것은 자기분석 self-analysis의 중요한 출발점이기도 하다.

1. 통제 안 되는 분노 anger

일상생활에서 엄마들이 가장 많이 경험하는 감정은 '짜증 irritated'일 것이다. 짜증은 화 anger나 분노 rage와 연결되어 있다. 사람은 어떤 상황에서 화가 날까? 누군가가 나를 불안하게 만들면 화가 난다. 내가 원했던 계획이 좌절되면 화가 난다. 내가 할 수 있는 것이 아무것도 없다고 느껴질 때, 무기력할 때 화가 난다. 누군가가 자존심을 상하게 할 때도 분노한다. 나에게 실망할 때, 직면하고 싶지 않았던 나의 모습이 노출될 때 화가 난다. 나에게 소중한 것을 누군가가 훼손하고 빼앗아 갈 때 분노하게 된다.

　분노는 고함치기, 비난하기, 지나치게 엄격한 규칙 적용하기, 용서하지 못하는 마음 등으로 나타난다. 반대로 어떤 사람은 분노를 억눌러 버린다. 분명히 화가 날 일인데 화를 내지 않는다. 다만, 이유 없이 예민해지고 사소한 일에 벌컥 짜증을 낼 뿐이다. 또 어떤 사람은 누군가에게 분노한다는 사실만으로도 심한 죄책감과 수치심을 느낀다. 그 결과, 자기 비난과 우울감에 빠지기도 한다.

　하지만 화는 자연스러운 감정이다. 분노감이 내 마음을 덮으려 할 때, '왜 이렇게 화가 나지?' 스스로 질문을 던져보자. 그 물음 안에 내 마음을 이해할 수 있는 중요한 실마리가 있다. 내 감정을 이해할 때 복잡했던 내 마음이 보이기 시작한다. 그리고 마음이 편해지기도 한다.

2. 불안anxiety

　짜증 못지않게 엄마들을 사로잡는 감정은 불안일 것이다. 집이 정돈되어 있지 않으면 불안하고, 아이가 학원 시간에 늦을까 봐 긴장한다. 분 단위로 아이의 하루를 계획하고, 아이를 필요 이상으로 여러 학원에 보내야 안심이 된다. 아이의 일

거수일투족을 계속 파악하고 통제해야 안심이 되는 것이다. 특히 완벽주의적인 성격은 불안과 관련이 깊다. 완벽주의 엄마는 가능한 한 모든 상황을 파악하고 통제 control 할 수 있어야 안심이 된다. 아이들의 감정과 생각까지도 엄마가 원하는 대로 통제하려 한다. 과도한 통제를 경험하고 자란 아이들은 자발성 autonomy 에 문제가 생긴다. 자발성의 발달이 방해를 받은 아이는 지나치게 수동적이고 의욕이 없는 아이가 되기도 하고, 반대로 과도하게 반항적이거나 일찍부터 부모를 떠나 독립을 선언하기도 한다.

불안이 많다는 것은 무의식에서 곧 다가올 위험 상황을 예상하고 있는 것이다. 지금 불안하다면 무엇이 불안한지 나열해 보자. 그리고 불안한 이유도 함께 기록해 보자. 자기 무의식에서 어떤 위험 상황을 경험하는지 이해하게 되면 내적 고통도 줄어든다. 이것이 정신분석이나 정신치료가 도움이 되는 이유이다.

3. 죄책감 guilt, 우울 depression

아이에게 매우 엄격한 엄마들이 있다. 아이가 실수를 하거나 게으르거나 의젓하지 못하면 지나친 벌을 준다.

어떤 엄마들은 아이들에게 고통을 잘 참고 극복하지 못하면 성공과 성취도 할 수 없다고 말한다 no pain, no gain. 그런데 흥미로운 점은 아이들에게 엄격한 엄마들은 자기 자신에게도 매우 엄격하고 비판적이라는 것이다. 이들의 내면에서 들리는 자기 비난의 목소리는 지독하다.

죄책감이 많은 엄마는 재미와 만족이 오히려 불편하다. 평소에도 죄책감과 우울감을 느낀다면 한번 자신을 살펴보자. 나의 죄책감이 현실적이고 합리적인지 아니면 지나치게 과장되고 파괴적인지……. 파괴적인 죄책감은 자신이 저지른 작은 실수에도 비수 같은 자기 비난을 쏟아붓는다. 특히, 아이들과의 관계에서 엄마 자신의 죄책감이 어떤 영향을 주고 있는지 생각해 보는 것이 매우 중요하다. 건강한 훈육은 '죄에는 벌' 식의 경직된 것이 아니라, 상황을 고려하는 합리성과 유연성 flexibility을 함께 포함하고 있어야 한다.

4. 수치심shame, 모멸감humiliation

학교 선생님이나 학원 선생님의 눈치를 보는 엄마들이 있다. 힘과 권위를 가진 상대방이 언제든 내 부족한 점을 지적하고 노출시켜 버릴 것 같은 두려운 마음이 깔려있는 경우가 많다. 바로 수치심에 대한 두려움이다. 또한, 다른 엄마들과 자신을 끊임없이 비교하는 엄마들도 있다. '누가 더 주목을 받는가?' '누가 더 예쁜가?' '누가 더 똑똑한 아이를 두었나?' 이런 비교의 심리 밑에도 수치심에 대한 두려움이 자리잡고 있다.

부끄럽고 수치스러운 감정을 피하고 싶은 엄마는 과시적인 태도를 보인다. 절대로 자신의 실수나 잘못을 인정하지 않고 상대방을 힘(재력, 지식, 물리적 힘 등)으로 압도하려 한다. 반대로 무조건 경쟁 상황을 피하는 경우도 있다. 예컨대, 권위자나 힘을 가진 사람 앞에 먼저 실수나 부족함을 노출하여 상대방이 공격하기 전에 스스로 무장해제를 하기도 한다. 이를 자기애적 방어 narcissistic defense라고 부른다. 자신의 예민하고 취약한 자존감을 보호하기 위하여 동원하는 심리적 방어 노력이다. 자기애적 방어는 어린 시절의 심리적 상처에서 기인하는 경우가 많다. 부모와 원치 않는 이별을 했거나 심각한 무기력감 helplessness을 경험했을 수 있다.

이런 자기애적 상처를 가진 사람이 성인기에 접어들면, 자존감을 일정하게 유지하기가 몹시 힘들어진다. 스스로에 대해 때로는 지나치게 과대한 느낌을 가질 때도 있지만 지나친 열등감에 빠지기도 한다. 이러한 불안정성을 보완하기 위해서

1등에 집착하거나, 어느 누구의 비난도 받지 않기 위해서 완벽해지려고 노력한다. 그렇지 못하면 수치심을 느끼고, 수치심은 분노로 이어진다. 즉, 다른 사람이 자신의 수치심을 자극하면 대단히 강렬하고 파괴적인 분노를 느낀다.

우리 모두 치열한 경쟁사회에 살고 있지만 경쟁에 목을 매지 않는 건강한 사람들도 있다. 완벽한 사람은 없으며, 인간은 모두 태어날 때부터 독특한 장점과 성향을 가진 존재라는 사실을 편안하게 받아들이는 사람들이다. 건강한 자존감을 가진 사람들이다. 건강한 자존감을 가진 사람은 이러한 경쟁 패러다임에 뛰어들지 않고도 자신의 가치를 스스로 인정하고 자랑스럽게 여긴다.

5. 시기심envy과 경쟁심competitiveness

'부러움' '시기심' 또는 '선망 envy'은 내가 갖지 못한 것을 다른 사람이 가졌을 때 느껴지는 감정이다. 때때로 지독한 선망, 시기심은 상대방이 가진 것을 빼앗거나 훼손시키고 싶은 파괴적인 욕구로 이어지기도 한다. 성공담을 늘어놓는 유명인뿐 아니라 가까운 친구나 이웃에게도 부러움과 시기심은 어김없이 일어날 수 있다. 때로는 내 아이를 향해 일어날 수도 있다

(내가 어린 시절 받지 못한 것을 너는 지금 경험하는구나!).

누군가를 향한 부러움과 시기심은 나 자신의 심리적 균형을 흔들어 놓을 뿐 아니라, 인간관계 속에서 반복적인 갈등을 낳기도 한다. 이것은 치료가 필요한 부분이다.

하지만 선망 자체는 내 안에서 일어날 수 있는 자연스러운 감정이다. 선망에 대한 건강하고 성숙한 태도는 "나는 네가 부러워……. 하지만 우리 모두에겐 각자의 길이 있고, 나는 나의 길을 잘 가고 있어."라고 말할 수 있는 마음이다.

나를 힘들게 하는 감정에 휩싸일 때 심호흡을 한번 하자. 그리고 '아! 또 내 안에 어떤 것이 건드려졌구나!'라고 생각해 보자. 그리고 무엇이 나를 이렇게 힘들게 하는지, 왜 이런 감정을 느끼는지 마음을 살펴보도록 하자. 자신을 성찰할 수 있게 되면 아이의 감정도 잘 다뤄줄 수 있게 된다. 혼자서 하기 힘들 땐 전문가의 도움을 받는 것도 좋은 방법이다.

무의식이 자녀와의 관계를 결정한다

한 사람의 정신분석 전 과정을 소개했던 책, 『나를 행복하게 하는 친밀함』에 나오는 J는 아들과 있는 것이 편치 않았던 엄마의 이야기이다. 정신분석을 통하여 이것이 자기 '마음속의 아이' 때문이라는 사실을 깨닫고 아들과 친밀해진 행복한 사례다. 앞서 소개한 사례들처럼 아이에게 지나친 감정이 올라오거나 자신의 아이와 함께 있는 것이 불편한 사람들은 요약한 J의 분석 사례를 통해 자신을 새로운 각도에서 볼 수도 있을 것이다.

J는 전문직에 종사하는 30대 여성이었다. 그녀가 분석을 받기로 결심한 것은 유치원에 다니는 아들 때문이었다. 새벽에 아들이 엄마 품을 파고들었는데, 자신도 모르게 밀쳐냈다는 것이다. 아이는 서럽게 울었고 그녀는 잠이 확 깼다고 했다.

그녀는 자신이 아들과 가까워지는 것을 거부하고 있다는 것을 발견했다. 아이와 같이 보내는 시간이 별로 없었다는 사실도 깨달았다고 했다. 쉬는 날도 아이는 아이대로 놀고, J는 자기 일만 했다. 아이가 네 살 때는 아이를 할머니 댁으로 보내버렸다. 승진 시험 준비 때문이라고 했지만 실은 아들과 함께 있는 것이 불편해서였다.

분석을 통해서 알게 된 것이지만, 그녀가 아들과 친근해지지 못하는 데는 이유가 있었다. 아들과 남동생을 동일시하고 있었던 것이다. 우연히도 아들의 생일이 남동생과 같은 날이었다. 무의식에서는 아들을 라이벌인 남동생으로 보고 있었다. 아들의 이름을 부를 때 자주 동생의 이름을 불렀다.

그녀가 네 살 때 남동생이 태어났다. 아버지는 남아 선호 사상이 유별난 분이었다. 부모의 관심은 남동생에게 쏠려버렸고 어린 그녀는 소외감을 느꼈다. 아버지에게 버림받는 두려움은 그녀의 인생을 지배하는 내적 갈등이었다. 그녀가 사람들과 친해지지 못하는 이유도 이 두려움 때문이었다.

그녀가 명문 대학에 합격했을 때의 일이다. 아버지가 기뻐하며 악수를 청했는데, 그녀의 마음속에 한 가지 생각이 지나갔다. 이모에게 들었던 이야기였다. 그녀가 세 살 때 외출한 엄마를 찾으며 울자, 아버지가 달랬다. 그래도 울음을 그치지 않으니까 아버지는 화를 내며 "이 애 내다 버려."라고 고함을 쳤다고 한다. 명문 대학에 합격하고 아버지가 악수를 청하는 감격스러운 순간에 왜 그런 섭섭한 기억이 떠올랐을까? 그녀로서는 이해가 안 되는 일이었다.

그녀의 내면세계를 지배하는 것은 열등감이었다.

'나는 예쁜 아이가 아니야. 아빠는 나를 싫어하고 동생만

예뻐해. 아빠처럼 남들도 나를 싫어할 거야.'

열등감이 심한 사람은 사람들과 친해지지 못한다. 두 가지 이유 때문이다. 첫째는 질투심 때문이다. 상대방이 자기가 갖지 못한 좋은 것을 갖고 있으면 그런 것을 갖지 못한 자신이 초라하게 보인다. 스스로 비참하고 화가 치민다. J는 남동생에 대한 질투심 때문에 사람들과 친근할 수 없었다. 아들과도 마찬가지였다.

실제로 그녀는 아들이 네 살 때 아들을 할머니 댁으로 추방(?)했다. 물론 무의식적인 동기에서 일어난 추방이었기 때문에 자신도 모르게 저지른 행동이었지만, 부모의 사랑을 독점한 남동생에 대한 질투심이 아들에게 옮아간 것이었다. 자기가 네 살 때 남동생이 태어난 것과 아들이 네 살 때 할머니 댁으로 추방한 것은 시간적으로 일치했다. 그러나 다행히도 분석 중에 그녀는 아들을 할머니 댁에서 데려왔다. 모자 관계의 회복이었다.

그녀가 아들과 친해지지 못했던 두 번째 이유는 자신의 부끄럽고 열등한 부분이 탄로 나는 것이 두렵기 때문이었다. 미운 오리 새끼 같은 자신의 모습이 드러나면 버림받을 것이기 때문이었다. 열등감 때문이었다. 그래서 누구든지 친근해지면 불안했다. 안전거리가 필요했다. 열등감은 비현실적이지만 무의식을 점령하고 있기 때문에 극복하기가 쉽지 않다. 다행히 그녀는 오랜 기간 분석을 통해서 자기 내면을 들여다보는 과정을 통해 열등감에서 벗어날 수 있었다.

분석이 1년쯤 진행되었던 어느 날, 그녀는 분석 시간에 인상적인 이야기를 했다.

"저녁을 먹고 텔레비전을 보고 있는데, 아이가 제 목을 껴안으며 '엄마 사랑해.' 하는 거예요. 저도 모르게 거의 반사적으로 아이를 꼭 껴안았어요. 그때 문득 기분 좋은 느낌이 들었어요. '아, 이제는 내가 아이를 밀쳐내지 않고 있구나.' 깨달았어요. 제 어머니는 한 번도 저를 그렇게 안아주신 적이 없었거든요. 어머니는 늘 바쁘셨고 아버지 때문에 우울할 때가 많았어요. '나는 내 아이에게 나처럼 불행한 인생을 물려주지는 않겠구나.' 하는 안도감을 느꼈어요. 우리 아이를 위해서도 정신분석을 받기를 참 잘했다는 생각을 했어요."

그녀는 이제 아이와 함께 있는 시간이 정말 행복하다고 했다. 놀이터에 함께 가서 그네도 태워주고 도서관에도 같이 다녔다. 아들 생일에는 친구들을 초대해서 파티도 열어주었다. 아들이 이 세상에 태어나 주어서 정말 고맙다고 했다.

어머니와 아들의 관계가 이렇게 친해질 때 아이는 정상적으로 자랄 수 있다. 아이는 좋은 토양을 만난 꽃씨처럼 철 따라 꽃을 피우고 열매를 맺는다.

내 마음속 아이와 마주하기

J가 자신을 힘들게 했던 무의식의 어린아이를 어떻게 깨닫고 성장시켰는지 몇 가지 에피소드를 소개하겠다.

하루는 J가 실수로 지각을 했다. 그날은 오전 8시 30분이 분석 시간이었는데 9시 30분에 도착했다. 계약대로 나는 그녀를 돌려보냈다. 분석의 규칙 중 하나인데, 약속 시간에 늦으면 끝나는 시간을 연장해 주지 않는다.

다음 날 그녀는 자기의 게으름을 탓하며 부끄럽다고 했다. 나를 번거롭게 해서 죄송하다고 사과했다. 그런데 뜻밖에도 그녀는 다음 날부터 연이틀을 분석 시간에 나타나지 않았고, 셋째 날이 되어서야 나타났다. 알고 보니 지각하고 허탕 친 그날, 그녀는 몹시 화가 났었다. 사람을 죽이는 꿈도 꾸었다. 이런 꿈은 굉장한 분노를 억누르고 있을 때 꾼다. 그러나 그녀는 자신의 분노를 의식하지 못하고 있었다. 자신의 분노가 두려워서 억압하고 있었기 때문이었다. 나에게 화가 났으면서도 오히려 나를 걱정했다. 내가 미운데도 분노의 화살을 나에게 쏘지 못하고 자신의 게으름을 탓했다 turning against self.

나에 대한 분노는 다른 형태로 표현되었다. 즉 다음 날 결석을 해버린 것이다. 그날 내가 자기를 분석실에서 쫓아낸 것처럼 이번에는 자신이 결석함으로써 나를 분석에서 밀어낸 것이었다. 하나의 은밀한 보복이었다. 분노를 느낄 때 적절하게 처리하지 못하고 이런 식으로 간접적으로 처리하는 것이 그녀의 중요한 문제였다. 이것이 친근한 관계를 방해하는 중요한 무의식적 원인 중 하나였다. J는 '지각 사건'을 통해서 자신을 불편하게 만드는 분노 처리의 방식을 깨닫게 되었다. 이것을 이해하게 된 것은 분석의 큰 수확이었다.

분석이 3개월쯤 진행된 어느 날, 그녀가 꿈을 가져왔다. 꿈은 무의식을 보여주는 좋은 창문이다. J의 꿈도 그녀의 무의식을 아주 흥미롭게 보여주었다. 꿈에 그녀가 내 분석실에 도착했는데, 방문이 잠겨있었다. "웬일이지?" 그녀는 당황했다. 그리고 곧 깨달았다.

'선생님이 나를 보기 싫어하시는구나.'

버림받은 자신이 너무 비참하고 서러웠다. 분석실 앞 복도에 주저앉아 통곡했다. 그렇게 슬피 울다가 그녀는 자기 울음소리에 놀라 잠에서 깼다. 그러나 마음이 진정되지 않고 불안했다. 하루 종일 일이 손에 잡히지 않고 마음이 뒤숭숭했다.

분석 시간에도 그녀는 마음이 불안했다. 나는 그녀에게 "꿈에 내 방문이 잠겨있어서 많이 실망하신 것 같습니다. 혹시 이와 관련해서 떠오르는 생각이 있을까요?"라고 물으며 꿈에 대해서 연상하도록 했다.

그녀는 두 가지 이야기를 했다. "이제 보니 제가 그 꿈을 꾼 날이 휴일이었어요. 그래서 분석을 쉬는 날이었죠. 분석이 없으니 시간 여유도 있고 좋았는데, 한편으로는 허전하기도 했어요. 그리고 또 한 가지 방금 생각난 것인데, 며칠 전에 선생님을 서점 앞에서 뵈었어요. 먼발치에서 뵈었지만 참 멋졌어요. 그래서 제 쪽을 봐주기를 바랐는데 선생님은 그냥 가버리셨어요. 좀 섭섭했어요. 이런 말을 하는 제가 애 같아서 창피하네요."

나는 그녀의 연상을 종합하여 꿈을 분석했다.

"서점 앞에서 당신의 마음속 아이는 자기 쪽을 봐주지 않는 나에게 실망했던 것 같습니다. 외면당하고 버림받은 느낌을 받았었나 봅니다. 그리고 어제는 휴일이어서 분석을 쉬게 되었는데 마음속 아이는 내가 서점 앞에서 그랬던 것처럼 당신을 외면한다고 생각했던 것 같습니다. 물론 어른 당신은 어제는 이미 약속된 휴일이기 때문에 쉬었을 뿐이라는 것을 잘 알고 있었지만, 마음속 아이의 감정은 그게 아니었나 봅니다."

그녀의 꿈은 마음속의 못난이가 나에게 버림받고 복도에 앉아 통곡하는 꿈이었다. 꿈이 해석되고 분석 시간이 끝날 때

쯤 그녀는 다시 안정을 되찾았다. 나에게 버림받지 않았다는 안도감을 느끼는 것 같았다.

"지금 제 자신의 과거가 많이 떠오르네요. 그리고 무의식이 참 신기하다는 생각도 들어요."

이 꿈은 아버지에게 버림받고 억울했던 그녀의 '마음속 아이'의 심정을 잘 보여주었다. 자기를 버리고 남동생만 사랑한 아버지에 대한 감정이 휴일의 꿈을 만들고 있었다. 이 꿈의 해석을 계기로 분석에 대한 신뢰가 강화되었고 분석을 받고자 하는 동기도 강해졌다.

어느 날 그녀는 자기가 카우치에 누워서 말하고 있을 때, 내가 한숨을 쉬었다고 했다. 분석 시간에는 내담자가 카우치에 눕기 때문에 분석가를 볼 수 없다. 그런 상황에서 내 한숨 소리를 분명히 들었다는 것이다. 그런데 한숨도 보통 한숨이 아니고 '이 여자 참 한심하다!'는 한숨이었다고 했다. 당시 나는 그렇게 한숨을 쉰 기억이 없었다. 그러나 그녀는 내 한숨 때문에 우울증에 빠졌다. '나같이 못나고 한심한 것이 분석을 받는다고 달라지겠나?'라며 자기를 비난하고 자학했다. 무기력증에 빠졌다. 잠도 못 잤다. 만사가 귀찮아졌다고 했다. 자기도 모르게 냉장고를 자꾸 열고 무언가를 먹게 되었다. 남편이 "당신

왜 그래?"라고 물어볼 정도로 자주 냉장고를 열었다. 먹고 또 먹어도 배는 부르지 않고 허전했다. 폭식증이었다. 자기를 못난이 취급하는 내가 원망스러웠지만 표현할 수는 없었다. 잠 못 이루는 밤에 어둠 속에서 혼자 허공을 응시하다가 무섬증에 빠지기도 했다. 그녀는 중증의 우울증에 빠져있었다. 보호자도 없이 어둠 속에 버림받은 아이가 된 것이었다.

그러나 그녀 자신도 자기 상태를 이해할 수가 없다고 했다. 답답하다고 했다. 나는 그녀가 이 어려운 고비를 잘 넘겨주기를 바랐고, 그래 주리라는 믿음도 있었다. 그래도 걱정스러웠다. 이렇게 힘든 시간이 수 주 흘렀다. 그녀는 아무래도 너무 힘들어서 분석을 중단해야 할 것 같다고 했다. 나는 안타까웠다. 그렇다고 "나는 당신을 한심하다고 생각하지 않습니다."라고 말할 수도 없었다. 그렇게 말하면 그건 분석이 아니다. 그렇게 하면 교육이 되어버린다. 우리의 관계는 분석가와 피분석자가 아니라 교사와 학생의 관계로 변질되고 만다. 그렇게 되면 나는 권위를 가지고 가르치는 교사가 되고, 그녀는 노트 필기를 하며 배우는 학생의 자리로 돌아간다. 그녀는 자신의 무의식 탐구를 멈추고 나의 가르침을 수동적으로 따르려 할 것이다. 정신분석에서는 이를 '지식화 intellectualization'라고 한다.

무의식이 의식으로 떠오를 때는 생각과 함께 감정이 같이 올라온다. 어떤 사건과 함께 그때 느꼈던 감정을 동시에 느끼는 것이 정상적인 연상 과정이다. 그러나 감정은 사람을 부담스럽게 한다. 예를 들어, 분석가의 한숨 쉬는 소리를 듣고 화가 났을 때 분노를 느끼는 것이 부담스러울 수가 있다. 그럴 때 분노의 감정을 빼버리고 한숨 이야기만 한다면 지식화의 방어를 쓰고 있는 것이다. 특히 머리 좋고 영리한 사람들이 이렇게 한다.

지식의 습득만으로는 정신적 변화를 가져올 수 없다. 문제를 아는 것과 마음이 변하고 행동이 변하는 것은 다르다. 변화를 위해서는 당시 동반되는 감정의 경험과 무의식의 생생한 체험이 필요하다. 그것도 반복적으로 체험해야 변화가 일어난다. 순간적으로 머리에 전구가 켜지듯 "아하!" 하면서 깨달음의 순간이 오는데, 이런 정서적 통찰emotional insight이 있어야 비로소 진정한 변화가 일어난다.

나는 안타까웠지만 그녀가 고비를 잘 넘겨주기를 바라며 분석을 계속했다. 그렇게 긴 침묵과 저항의 힘든 시간이 여러 주 계속됐다. 그러던 어느 날 그녀가 밝은 얼굴로 나타났다. 그녀가 밝아진 이유는 내가 준 스케줄 표 때문이었다. 당시 나는 매달 말에 다음 달 약속이 기록된 스케줄 표를 주었다. 그녀는 내 스케줄 표를 받고 내가 자신을 다음 달에도 봐준다는 것을 알게 되었다.

물론 스케줄 표에 내가 '다음 달에도 우리는 분석을 계속합니다.'라고 쓴 것은 아니었다. 단지 이미 1년 이상 그랬던 것처럼 스케줄 표를 주었을 뿐이었다. 그녀의 무의식은 이 스케줄 표에서 자기에게 필요한 정보를 뽑아냈던 것이다. 그녀는 내가 이달까지만 봐주고 분석을 그만두자고 할 것으로 생각하고 있었다고 했다. 그런데 다음 달 스케줄 표를 받자 안심이 되고 기뻤다고 했다.

'선생님이 나를 보기 싫어하시는 것이 아니었어.'

그리고 검은 구름이 일시에 걷히듯이 기분이 밝아졌다. 콧노래가 나왔다. 의욕이 생겨서 오랜만에 집안을 말끔히 정리도 했다. 반찬도 만들었다. 밝아진 그녀를 본 남편도 기뻐했다. 분석을 받으러 오는 길에 본 목련꽃이 유난히도 아름답게 보였다.

J는 자신의 감정 변화에 놀랐다. '어떻게 우울했던 감정이 이렇게 갑자기 사라졌을까?' 그리고 이 경험을 통해서 자신의 무의식을 분명하게 이해하게 되었다.

"그동안 저는 선생님에게 버림받았다고 생각하고 우울했어요. 그런데 어제 선생님이 주신 스케줄 표를 받고 그게 아니라는 것을 확인했어요. 그러자 곧 웃음이 나왔고 기분이 밝아졌어요. 그러고 보니 그동안 저를 괴롭혔던 우울함의 원인은 선생님이었네요."

그러면서 분석가인 내가 그녀를 버리고 말고 할 이유가 전혀 없는데 자기가 나를 지나치게 의식한 것 같다고 했다. 이제 보니 누군가를 의식하고 그에게 버림받을까 봐 초조해지는 이런 경험은 어릴 때부터 그녀에게 익숙한 것이었다고 했다. 그녀에게 이와 관련된 많은 사건들이 떠올랐다. 내 한숨에서 지나치게 자극을 받은 것도 나를 아버지와 동일시했기 때문이었다. 버림받고 열등감에 빠지는 '마음속 아이'가 내 숨소리에 자극 받아 튀어나온 것이었다.

그러나 나에게 버림받았다는 생각은 하나의 판타지였을 뿐 사실은 아니었다. 착각이었다. 그리고 이런 착각은 지난 30여 년 동안 수도 없이 그녀의 내면세계를 점령했고 그녀를 비참하게 만들었다. 무의식에서 자동으로 일어나는 마음의 현상이었기 때문에 어떻게 손을 쓸 수도 없었다. 그러나 그녀는 분석을 통해서 이것이 사실이 아니고 착각일 뿐이라는 것을 깨달았다.

J는 3년 동안 분석을 받으며 여러 번 반복해서 마음속에 살고 있는 이 '버림받은 아이'를 만났다. 통찰을 얻고 내적 자유를 얻었다. 열등감을 벗고 사람들과 친해질 수 있게 되었다. 아들과 친해진 것은 물론이다.

'아들과 함께 있는 시간이 행복해진 것', 이것이 J에게 가장 큰 소득이고 기쁨이었다. 남편과 둘만 있는 시간도 불편하지 않게 되었다. 그리고 어려서부터 같이 있는 시간이 늘 불편했던 아버지도 편해졌다. 병든 아버지 목욕도 시켜드릴 수 있었다. 친구들 모임에서도 자신을 있는 그대로 보일 수 있었고 그래도 아무렇지 않았다. 친밀감을 느끼며 살게 되었다.

분석가로서 내가 가장 보람을 느낄 수 있었던 말은 "내 아이가 나 같은 유년기를 보내지 않게 되어서 기뻐요."라는 것이었다. J가 열등감을 극복하고 여기까지 오는 분석의 과정에는 우여곡절이 많았다. 자세한 내용은 내가 쓴 책, 『나를 행복하게 하는 친밀함』(비전과리더십)을 참조하시기 바란다.

3부

무의식에서 가장 자주 만나는 사람 '엄마'

태어나서 처음으로
만나는 타인

인간의 마음은 어떻게 탄생하고 자라는 것일까? 아기는 비록 몸은 엄마로부터 분리되어 개체가 되었지만, 여전히 마음은 백지상태이다. 스스로 감정과 충동을 조절하지도 못하고, 자아상이라는 것도 확립되기 전이다. 이후 대상과의 감정 경험이 쌓여가면서 마음이 복잡하고 정교하게 조직되어 간다고 할 수 있다. 이렇게 '심리적으로 탄생한 아이'는 자기 마음에서 일어나는 감정을 느끼고 외부 현실을 인식하면서 타인과 관계를 맺을 줄도 알게 된다.

그런데 어린 시절 대상과의 반복되는 관계 경험은 우리의 무의식에 깊이 각인되어, 타인이 나에게 어떻게 행동할지 특정한 패턴을 예상하는 기억으로 내면화된다. 즉, 유년 시절에 맺은 인간관계의 패턴이 성인이 되어서도 그대로 재현될 가능성이 높은 것이다.

아기가 태어나서 제일 처음 만나는 타인이 엄마이다. 연약한 아이는 생존을 위해, 그리고 엄마를 잃어버리지 않으려고 엄마에게 100퍼센트 의존한다. 아이에게 엄마의 사랑은 절대적인 것이다. 받아도 되고 안 받아도 되는 것이 아니라 중대한 문제다.

그런데 이런 연약한 아이에게 엄마가 제대로 반응하지 않는다면 어떻게 될까? 아이는 불안해진다. 생존에 위협을 느낀다. "내가 중요하고 사랑스럽다면 엄마는 나에게 집중하고 내 요구에 반응해줄 텐데⋯⋯. 엄마에게 나는 중요한 아이가 아닐까?" 이런 의심이 생긴다. 그러다가 점차 자신이 엄마를 만족시키지 못하는 존재라고 생각하게 된다.

"나는 부족한 사람이야."

"내가 불량품이라서 엄마가 나를 싫어하는 거야."

"내가 더 잘하지 않으면 엄마는 나를 버릴 거야."

이런 아이는 건강한 자존감을 갖기 힘들다. 하지만 아이의 요구에 엄마가 잘 반응해 주면 아이는 자신에 대해 자랑스러운 마음이 생긴다.

"아! 내 안에 엄마를 기쁘게 하는 무엇이 있구나."

"나에게 뭔가 좋은 것이 있구나."

"나를 보며 엄마는 행복해 하시는구나."

이런 만족감이 자존감의 핵심이다. 자신에 대해 이런 뿌듯함을 가진 아이는 커서 웬만한 어려움쯤은 이겨낼 수 있다.

아이의 감정과 욕구를 잘 알아채고 이를 공감해 주는 엄마는 아이에게 '거울' 역할을 해준다. 아직 자아 이미지가 생기지 않은 아이는 엄마라는 거울을 통해 자신의 이미지를 그려

볼 수 있다. 아이의 마음속에는 "나에게는 좋을 것들이 있어." "사람들은 나를 좋아해 줄 거야."라는 믿음이 자라게 된다. 엄마가 아이를 사랑하고 예뻐해 줄 때, 아이의 감정을 잘 받아주고 공감해 줄 때, 아이는 건강한 자존감을 형성해 갈 수 있다.

갓난 원숭이 실험

위스콘신대학의 할로 박사 내외는 흥미로운 실험을 했다. 갓난 원숭이를 어미로부터 분리시켜 고립된 방에서 키웠다. 방에는 두 개의 엄마 모델을 두었다. 하나는 딱딱한 철사로 만들어진 엄마이고, 또 하나는 털로 싸여있어 부드러운 촉감을 주는 엄마였다. 철사 엄마는 우유 젖병을 가지고 있었지만, 털로 만들어진 엄마는 그렇지 않았다.

할로 박사 내외가 확인하고 싶었던 것은 두 가지였다. 아기 원숭이는 우유를 주는 철사 엄마와 따뜻한 촉감을 주는 엄마 중에서 어느 엄마를 더 좋아할까? 그리고 위기에 처했을 때 어느 엄마에게 달려갈까?

실험 결과, 아기 원숭이는 90퍼센트 이상의 시간을 '촉감 엄마'에 붙어보냈다. 배가 고플 때만 철사 엄마를 이용했다. 아기 원숭이에게 신뢰감을 주는 엄마는 촉감 엄마였던 것이다. 촉감은 감성적인 만족을 주었다. 엄마 느낌을 주는 것은 우유가 아니고 촉감이었다. 엄마가 아기를 안아주는 것이 얼마나 아이를 만족시켜 주는지 보여주는 실험이었다. 아이는 엄마가 맛있는 초콜릿이나 선물을 줄 때보다 안아줄 때 더 강하게 엄마를 느낀다.

아기 원숭이는 위험에 처했을 때도 흥미로운 반응을 보였다. 혼자 고립되어 있는 아기 원숭이의 방에 북 치는 장난감 곰을 투입했다. 아기 원숭이는 혼비백산하여 엄마 모델에게 달려갔다. 촉감 엄마 쪽이었다. 그리고 얼마 동안 엄마 품(?)에 피신해 있던 아기 원숭이는 놀랍게도 방금까지도 무서워서 피했던 곰 인형에게로 감히 접근하여 탐색하기 시작했다.

이 상황은 마치 낯선 사람을 보고 두려워하는 아이와 같았다. 처음에 아이는 당황하지만 든든한 엄마가 뒤를 지켜준다는 사실을 확인하면 낯선 사람을 탐색할 수 있게 된다. 아기 원숭이는 가짜 엄마지만, 엄마 역할을 하나도 해주지 못하는 모형 엄마에 불과하지만, 엄마가 뒤에서 지켜준다는 사실을 확인하고 용기를 얻을 수 있었다.

사실 아기는 엄마만 곁에 있으면 천하에 두려울 것이 없다. 적을 만나도 두렵지 않다. 아기의 인격이 잘 자라기 위해서는 이런 안심, 안도감이나 안정감 security 이 필요하다. 이 안정감이 깨진 불안한 아이는 불안한 성격이 된다. 정신분석가들이 유아기 안정감을 강조하는 이유가 여기에 있다. 엄마는 아이에게 선한 목자요, 피난처이고 응원군이다. 그래서 엄마가 곁에 있을 때 아이는 안심하고 놀고 잘 자란다.

나는 일본원숭이를 관찰한 보고서에서 감동적인 장면을

보았다. 어미 원숭이가 죽은 새끼 원숭이를 자기 영토에 묻는 장면이었다. 보통 어미 원숭이는 새끼 원숭이가 젖을 뗄 나이가 될 때까지는 새끼 곁을 떠나지 않는다. 이동할 때는 안고 다닌다. 그런데 젖을 떼기 전에 새끼가 죽으면 다른 동물들과는 달리 아기 시체를 버리지 않고 계속 안고 다닌다고 한다. 그러다가 젖을 뗄 시기가 되면 아기 원숭이의 시체를 영토 안에 자리를 정해 묻어준다. 야생에서는 젖을 뗄 나이가 아이를 떼어놓을 나이다. 그때까지 아이는 엄마 품이 필요하고 엄마 품 안에 있을 때 안심하고 자랄 수 있다. 너무 일찍 엄마의 품을 잃어버린 아기는 불안을 견디기 힘들다. 요즈음 많은 엄마들이 너무 조기에 아이 곁을 떠나는데 이것은 생각해 볼 문제다.

그런데 엄마가 물리적으로, 공간적으로 아이 곁에 있는 것만으로는 충분하지 않다. 상호작용이 필요하다. 아이와 관심과 사랑을 주고받는 상호작용이 있어야 한다. 아이 곁에 같이 있어도 아이에게 무관심하거나 차가운 엄마는 아이를 병들게 할 수 있다.

엄마의 사랑에
굶주린 아이들

30대 여성 U는 남편과 자주 싸웠다. 그것도 치고받으며 매우 극렬하게 싸웠다. 싸움 끝에 U는 집을 나가지만 몇 시간 뒤에 풀이 죽어서 돌아오곤 했다. U는 싸울 때 비로소 자신이 살아있다는 느낌을 받는다고 했다. 남편이 고함을 지르고 이에 맞서 자기가 악을 쓸 때, 남편과 자기가 무언가를 주고받는다는 느낌을 가질 수 있었다. 스스로도 이해하기 어려운 감정이지만 묘한 안도감을 느낀다고도 했다. '이렇게 함부로 대해도 나를 버리지 않는구나.'

U의 어머니는 늘 바빴다. 저녁에 집에 오면 짜증을 내거나 건넌방에서 자기 일만 했다. 그때마다 U는 이렇게 자신을 다독였다. '엄마는 바빠. 방해하면 안 돼.'

유일하게 어머니의 관심을 끌 수 있었던 것은 U가 문제를 일으켰을 때였다. 학교에서 친구와 싸우다가 눈을 다치게 했을 때, 처음으로 어머니가 학교를 방문했다. 자기 일로 어머니가 따로 시간을 내주신 것은 그때가 처음이었다. 어머니의 차를 타고 집으로 돌아올 때, 어머니는 화가 나 있었지만 U는 기분이 좋았다.

사랑 결핍증에 빠진 어린 U는 활기 없는 아이가 되었다. 매사에 의욕이 없고 무얼 해도 무덤덤하고 재미가 없었다. 그래서 비교적 일찍, 초등학생 때부터 자위를 시작했다.

사춘기가 되었다. 남학생들을 사귀기 시작했다. 성관계를 할 때 처음으로 사랑받는다는 느낌을 받았다. 그 느낌이 무척 좋았다. 그러나 관계가 오래가지는 않았다. 곧 지루하고 싫증이 나서 상대를 갈아치웠다. 그래도 매력적인 그녀 주변에는 남자들이 많았다.

U는 생동감을 느끼고 싶어서 갖가지 자극을 동원했지만, 마음은 늘 공허하고 우울했다. 정신분석에서 말하는 '공허감 우울증 empty depression'에 빠져있었다. 지루함을 떨쳐버리려고 결혼했다. 그러나 거의 싸움으로 날을 새웠다. U의 인생은 위기에 놓여있었다.

'어머니의 사랑에 굶주린 아이들 mother hunger'은 이런 '공허감 우울증'에 잘 빠진다. 이런 공허감은 너무 고통스럽고 두려운 것이어서 갖가지 자극으로 공허한 마음의 방을 채우게 된다. 어머니의 사랑과 닮은 달콤한 자극을 찾는 것이다. 남편과 싸우는 것도 자기 파괴적인 행동이었지만, 실은 남편의 관심을 확인하려는 시도였다. 살아있다는 것을 확인하는 행동이기도 했다. U의 마음속 아이는 이렇게 울며 호소하고 있을지도 모른다. "엄마, 잠시만 내 쪽으로 시선을 돌려주세요. 그리고 제발 나를 부드럽게 쓰다듬어 주세요. 바쁘시더라도요. 나는 엄마가 필요해요."

어린아이들에게는 엄마의 사랑이 중요함을 보여주는 사례가 있다. 르네 스피츠는 1940년대 헝가리에서 전쟁고아들을 돌보는 국립병원 의사였다. 그 병원은 아기들에게 영양분을 많이 공급하고 위생 시설을 잘 갖췄지만, 아기들은 자꾸 원인 모를 병으로 죽어갔다. 스피츠 박사는 그 병을 '시드는 병' 즉 '마라스므스 병'이라고 이름 붙였다. 그런데 스피츠 박사가 한번은 멕시코로 겨울 휴가를 갔다가 현지 고아원 병원을 방문하게 됐다. 그곳은 헝가리 병원에 비해 위생적이지도 않았고 아기들에게 영양분을 잘 공급하지도 못했다. 그러나 아기들은 모두 건강하고 행복해 보였다.

이유가 궁금했던 스피츠 박사는 몇 달간 현지에서 관찰한 결과, 흥미로운 사실을 발견했다. 동네에 사는 부인들이 매일 병원에 와서 아이들하고 놀아주고 아이들을 안아주는 것이었다. 아이들과 함께 그네를 타고 이야기도 하고 노래도 불러주곤 했다. 스피츠 박사는 이 관찰을 통해 깨달았다.

"아! 아이들은 안아줘야 행복하구나! 아무리 물리적인 환경이 좋아도 행복하지 않구나!"

평생을 따라다니는 '엄마'

누구나 좋은 엄마가 되고 싶을 것이다. 아이의 꿈을 이뤄주는 엄마가 되고 싶을 것이다. 사랑하는 엄마가 되어서 아이를 행복하게 만들어 주고 싶을 것이다. 그러나 엄마도 인간이기 때문에 자주 좌절에 부딪힌다. 알 수 없이 화가 치밀고 아이가 미워지기도 한다. 이럴 때 자기 마음을 잘 살펴보고 자기분석을 해봐야 한다. 엄마의 유년기 경험이 분노 뒤에 숨어있는 경우가 많다.

열등감 뒤에 어머니에 대한 감정이 숨어있을 때는 문제가 아주 복잡해진다. 혼자 분석하기 어려울 때는 전문가를 찾아서 분석을 받아보는 것도 좋은 방법이다. 분석 시간에 자기도 모르게 자신을 지배하고 있는 어머니를 만날 수 있다.

R은 30대 여성으로 지적인 분이었고, 좋은 가정을 가지고 있었다. 하지만 때때로 알 수 없이 엄습하는 불안과 대인 기피증으로 분석을 받고 있었다. 어느 날 그녀가 분석 시간 45분이 끝나고 카우치couch에서 일어나려는데 몸이 카우치에 붙어서 떨어지지를 않는다고 했다. 안간힘을 썼는데도 떨어지지를 않았다. 그녀는 몹시 당황했다. 마치 쇠붙이가 자석에 붙은 것 같다고 했다. 쇠붙이를 자석에서 떼듯이 몸을 카우치의 한쪽부터 떼고 다음에 다른 편을 뗀 후에야 겨우 일어날 수 있

었다. 카우치란 분석 시간에 사용하는 침대처럼 생긴 긴 의자를 말한다. 정신분석 시간에 피분석자는 여기에 누워서 자유 연상을 한다.

알고 보니 전이 행동이었다. 전이란 분석가를 자기 마음속 인물로 착각하는 현상이다. 나를 어머니로 보는 '어머니 전이'가 생긴 것이었다. 따뜻하고 부드러운 어머니 전이였다. 내 분석실의 카우치는 나의 품을 상징하고 있었고, 그녀는 내 품에서 떨어지지 못하고 있었다. 마음속 현실에서 나를 어머니로 착각하고 있었기 때문이다. 어머니의 품에서 떨어지지 못하는 아이가 자석처럼 작용하고 있었다. 어릴 적 어머니를 그리워하는 아이로 퇴행해 있었다. 다른 피분석자들도 남성인 나에게 어머니 전이가 생겼었기 때문에 이상할 것은 없었다. 무의식은 이렇게 현실감이 없다.

실제 유년기에 그녀의 어머니는 쌀쌀하고 무관심한 사람이었다. 일이 바빠 항상 아침 일찍 나가고 늦게 들어왔다. 어린 R은 어머니가 없는 빈 집에서 외로웠다. 어머니의 사랑이 항상 고팠다. 어머니가 자신을 따뜻이 안아주었으면 하고 바랐다. 하지만 어머니는 너무 바빠서 어린 R의 마음을 헤아려 주지 못했다. 충족되지 못한 욕구는 그 상태에서 성장이 멈췄다. 분석을 통해 이것이 전이 행동으로 이해되자 자석 현상은 2~3번 더 나타났을 뿐 곧 사라졌다. 그 후 그녀는 카우치에서 자연스럽게 일어날 수 있게 되었다.

    이 경험을 통해서 그녀는 자기 무의식에 살고 있는 아이를 발견할 수 있었다. 어머니 품을 그리워하는 아이였다. 따뜻한 어머니 품을 떠나지 못하는 아이였다. 나이 서른여섯에 아직도 어머니를 그리워하다니……. 그녀 자신도 놀랐다. 그러나 그것이 마음의 현실이었다. 알 수 없이 엄습해 오는 불안은 마음속 아이의 감정이었다. 아직도 어머니는 그녀의 인생에 가장 큰 영향을 주는 존재였다.

모든 것 다 주고도
더 주시려는 이

E는 오랜 불임 끝에 어렵사리 아들을 낳았다. 자랑스럽고 기뻤다. 그런데 아이가 자라면서 좀 이상했다. 지적장애에다 뇌성마비였다. 충격과 절망감은 말할 수 없을 정도였다. 온 집안이 슬픔에 빠졌다. 그러나 E는 마음을 정했다.

'불쌍한 아가야, 엄마가 너를 지켜줄게.'

그러자 E의 마음은 밝아졌다. 바보 아들이지만 아들을 사랑했다. 개인적인 꿈들은 모두 포기했다. 사생활은 없었다. 극장 한 번을 갈 수가 없었다. 그래도 아이와 노는 것이 행복했다. 아이도 밝게 자랐다. 그런데 스무 살이 되던 어느 날, 아이가 사라졌다. 아무리 찾아도 행방이 묘연했다. '집도 찾아올 줄 모르는데, 이 불쌍한 것이 어디를 헤매고 있는 건가?' 미친 듯이 아들을 찾아 헤매던 E는 다행히 얼마 후 아들을 찾았다. 어느 시설에서 보호받고 있었다. 아이를 찾은 E의 표정은 정말 행복해 보였다. 그녀에게 어떤 분이 물었다.

"앞으로 어쩌실 계획입니까?"

E는 뇌성마비로 비뚤어진 아이의 얼굴에 자신의 얼굴을 대고 웃으며 이렇게 말했다.

"저는 세상에서 가장 소중한 우리 아이를 찾았어요. 더 이상 바랄 것이 없어요."

그녀의 이야기를 들으며 나는 감동했다. 요즘 세상의 인간관계는 이해관계로 엮여있다. 내게 이익을 줄 사람은 가까이 하고 별 볼 일 없는 사람은 박대한다. 정치인들은 표를 의식하고, 기업인들은 돈을 계산한다. 종교인들은 교세 때문에 교인을 반긴다. 배우자 선택에까지도 상업주의적인 계산이 앞선다. 신랑 부모의 직업이라든지 신부 직장 같은 조건이 인간 됨됨이보다 높은 평가를 받는다. 이런 인간관계가 당연시되고 있다.

이런 풍조에 익숙해진 사람들에게 E의 이야기는 생소하게 들릴지도 모르겠다. '바보같이 자기 인생과 꿈을 포기하다니, 한 번뿐인 인생인데…….' '장애아를 좋은 시설에 맡기고 돈을 보내주면 되잖아?' 그러나 좋은 어머니의 심정은 그게 아니다. '어머니'란 참으로 신기한 자리이다. '모든 것 다 주고도 더 주시려는 이'가 어머니이다. 자식에게 주는 돈이나 수고는 계산이 안 된다. '내가 너한테 이만큼 주었으니까 너도 내게 이만큼 갚아야 돼.' 한다면 이것은 이미 모정이 아니다. 주고 또 주고, 손해를 보고 또 보아도 항상 '어미가 부족해서 너한테 이 정도밖에 못 주는구나.' 하고 미안한 심정이 되는 것이 모정이다.

딸이 친정에 다녀왔다. 친정에 있는 동안 어머니가 이것저것 많이 먹여주셨다. 그리고 반찬거리를 한 보따리 싸서 주셨다. 자기 집에 돌아가서 보따리를 풀다가 어머니의 편지를 발견했다. '엄마는 네가 좋아하는 수제비를 못 해준 것이 마음에 걸리는구나.' 딸은 어머니의 편지를 읽다가 울었다.

이해관계로 맺어진 인간관계는 사람을 긴장시키고 피곤하게 한다. 이런 관계는 경쟁과 세력 싸움을 일으킨다. 승자는 많이 갖고 교만해지며, 패자는 상실감과 패배감으로 비참해진다. 정신 질환은 이런 자리에서 생긴다. 그러나 어머니와 자식의 관계는 이해관계가 아니다. 어머니의 사랑을 먹고 아이의 인격이 큰다. 여기서 잘못되면 불행한 성격이 된다.

그래서 정신분석가들은 병든 인간의 무의식에서 '사랑받지 못하고 상처받은 아이들'을 자주 만난다. 이 '마음속 아이들'은 유아기에 모정을 받지 못한 아이들이다. 성인이 된 뒤에도 이 아이들은 마음속 깊은 곳에서 자라지 못한 채 남아있다. 그리고 너무나 외롭고 아프기 때문에 모정을 그리워한다.

이 '마음속 아이들'에게는 어머니의 사랑이 약이다. 마음속의 응어리를 풀어줘야 성격이 밝아진다. 비난이나 패배감을 주지 않는 따뜻한 관계를 만나야 치유가 일어난다. 마음의 쓴 뿌리, 열등감을 뽑아내야 치유가 된다. 그러나 이제 성인이 되었는데 어디서 어머니의 사랑을 구한단 말인가. 여기저기 애절하게 기웃거려 보지만 좌절하고 실망만 커진다. 그래서 정신치료자들이 환자에게 치료적인 어머니 역할remedial mother 을 해준다.

정신질환의 예방을 위해서도 그렇거니와 행복한 인생을 위해서는 좋은 엄마, 화목한 가정이 필요하다. 누구나 자신의 과거를 돌아보고 내면을 가만히 들여다보면 거기에서 고마우신 어머니를 만날 수 있다. 어머니는 우리 인생의 구원이다.

정신분석 시간에 무의식에서 가장 자주 만나는 분이 어머니이다. 그만큼 어머니의 영향이 크다는 말이다. 그럴 수밖에 없는 것이 어머니는 아이의 생존을 책임지는 분이기 때문이다. 엄마가 먹여주지 않으면 아이는 굶어 죽는다. 따뜻하게 안아주지 않으면 아이는 얼어 죽는다. 사랑해 주던 엄마가 떠나가면 아이는 먹지 않고 시름시름 앓다가 죽기도 한다. 스피츠 박사는 이것을 '의존성 우울anaclitic depression'이라고 명명했다.

갓난아이가 엄마를 어떻게 알아볼 수 있을까? 놀랍게도 아기들은 엄마의 목소리를 알고 젖 냄새를 안다. 엄마의 피부 촉감을 통해서 엄마의 기분을 알아내는 능력도 갖고 있다. 그리고 엄마를 자기 곁에 붙들어 두는 능력(?)도 갖고 있다. 아기가 방긋 웃어주면 엄마는 그 매력에 끌려서 어디에 있든지 금방 달려온다. 아기가 울면 엄마는 아이를 떼어놓고 나가지 못한다. 정신분석에서는 '애착 행위 attachment behavior'라 한다. 자기 생존에 꼭 필요한 엄마를 멀리 가지 못하도록 붙들어 두는 행위이다. 이 능력은 본능적으로 타고난다. 그렇게 엄마의 약점을 아기는 쥐고 있는 것이다.

생존이 달려있는 존재이기 때문에 엄마의 반응은 아기에게 매우 중요하다. 아기를 돌봐주지 않고 방치라도 한다면 이건 아이에게 치명적이다. 어른이 되었을 때 실연당하는 것도 아픈 일이지만, 아이가 엄마에게 버림받았을 때의 상처는 실연에 비할 수 없을 정도로 치명상을 준다.

그런데 유년기의 이런 마음의 상처는 잘 기억나지 않는다. 인간의 기억은 보통 5~6세 이후의 기억들이다. 그 이전의 일들은 실은 더 치명적이고 중요한 경험인데도 의식에 떠오르지 못한다. 그런데 신기하게도 분석 시간에는 떠오른다.

엄마를 돌보는 아이-
역전된 애착 관계

엄마와의 애착 관계는 한 사람의 성격 형성에 매우 중요한 영향을 미친다. L이 처음 상담 치료를 원했던 이유는 우울감 때문이었다. 사는 것이 즐겁지 않고, 사람들을 만나는 것이 너무나 힘들다는 것이었다.

L은 지역사회에서 평판이 아주 좋은 분이었다. 누구든 어려운 사람을 보면 그냥 지나치지 못하고 도움을 주었고, 무리한 부탁을 해도 최선을 다해서 도왔다. 사람들의 눈에 L은 인정 많고 희생적이며 친절한 분이었다. 하지만 L의 마음은 달랐다. 자신에게 무리한 부탁을 하고도 당연시하는 이웃들을 향한 분노가 때로 걷잡을 수 없이 강력하게 일어났다. '그냥 싫다고 하면 될 텐데 왜 나는 거절을 못할까?' 이런 자책의 마음이 들기도 했다.

남편, 아이들, 친정 식구들까지 L은 다른 사람들의 필요를 채워주느라 바빴지만, 자신의 마음에서 일어나는 분노는 감추어야 했다. 마침내 사람 만나기도 싫고 매일매일 마지못해 사는 자신을 발견했다. 우울감과 함께 몸도 아프고, 혈압도 올라갔다. 잠을 이룰 수도 없었다.

흥미로운 것은 치료를 시작한 후 얼마 지나지 않아 L은 이제는 치료자인 나를 신경 써주기 시작했다. 약속 시간에 늦을까 염려하고, 사정이 생겨 치료 시간을 바꿔야 할 때도 말을 못했다. 내가 시간을 착각하고 늦었을 때에도 실망하고 화를 내기보다는 오히려 "괜찮아요. 선생님이 워낙 바쁘시니 착각할 수도 있지요."라며 오히려 치료자의 부담을 덜어주려 했다. L은 자주 "제가 선생님께 짐이 될까 봐 염려가 돼요."라고 이야기했다. L의 이러한 성격은 어린 시절 어머니와의 역전된 애착 관계에서 비롯된 것이었다.

L의 어머니는 성격이 차갑고 반응이 없는 분이었다. L을 낳고 심한 산후우울증을 앓았다고 한다. 게다가 어려운 가정 형편 때문에 어머니는 L이 돌 지날 무렵부터 밖에 나가서 일을 해야만 했다.

L의 기억에 어머니는 늘 힘들고 지쳐있었다. 그래서 어린 L은 어머니를 걱정하고, 어머니가 혹시 잘못되어 돌아가시는 게 아닐까 두려웠다. L은 집안일을 돕고, 어머니의 기분도 잘 맞추어 드렸다. 어머니가 아이를 돌보듯 어린 L은 어머니를 보살폈다. 그뿐만 아니라 어딜 가나 어른스럽게 다른 사람들을 배려했다. 자신이 누군가에게 짐이 될 것 같아 늘 불안했다고 했다.

L과 어머니의 관계는 역전된 애착 관계 reverse attachment를 보여준다. 아이가 엄마의 필요를 채워주려 하는 것이다. 돌

보는 역할을 엄마가 아니라 아이가 하는 것이다. 엄마와의 관계를 유지하기 위해서 L의 의존 욕구는 억압되고 포기되었다. 이러한 양상은 성격의 패턴으로 자리잡아 성인기의 대인 관계에까지 영향을 미쳤다.

L도 누군가의 도움과 사랑, 돌봄을 받고 싶었다. 하지만 그러한 의존 욕구를 표현하기보다는 감추었고 오히려 상대방의 필요를 채워주었다. 좌절된 의존 욕구는 마음 한편에서 상대방을 향한 분노로 이어졌다. 이것이 우울증의 원인이었다.

L의 사례는 어린 시절 엄마의 사랑, 즉 감정적 투자 emotional availability가 안정적인 애착 형성에 얼마나 중요한 것인가를 다시 생각하게 한다. 충분히 안정된 애착을 경험한 아이는 자기 감정과 욕구를 잘 인식한다. 그리고 비난과 거절에 대한 염려 없이 자기 욕구를 표현할 수 있다. 특히, 자신의 의존 욕구를 부끄러워하지 않게 된다. 그래서 건강한 상호의존관계를 형성할 수 있게 한다.

상호의존관계를 맺는 능력은 대인 관계에서 매우 중요하다. 때로는 남에게 의지할 수도 있고, 남이 나에게 의지할 때 받아줄 수도 있어야 대인 관계가 편하다.

외모 콤플렉스가
생긴 이유

'어머니 결핍증'이 딸에게 낮은 자존감을 만들어 준 경우를 보자. 코에 대한 열등감으로 괴로운 여성이 있었다. 남들은 모르는 그녀만의 고민이었다. 남들이 모두 자기 코만 보는 것 같았다. 박사학위를 가진 지적인 여성이었지만 코 문제만은 이성적일 수 없었다.

예컨대, 남편이 텔레비전을 보다가 예쁜 탤런트를 보고 "야, 참 코 한번 예쁘다."고 감탄하면 갑자기 화가 났다. '저 인간이 나 들으라고 하는 소린가? 내 코를 비웃는 거야?' 그녀는 "그렇게 예쁘면 가서 그 여자랑 살아요."라고 쏘아붙였다. 한바탕 부부싸움을 하고 나면 씁쓸하고 비참했다.

결국 그녀는 코를 성형했다. 수술은 아주 잘되었다. 그러나 반창고를 떼고 변한 코를 본 순간 그녀는 충격을 받았다. 낯선 코가 거기에 있었다. 상황을 더욱 어렵게 만든 것은 남편이었다. 그녀의 코를 처음 본 순간, 남편은 어색한 웃음을 지으며 "괜찮네." 했다. 그녀가 기대했던 반응, "예쁘네."가 아니었다. 성형수술을 한 사람에게 가장 중요한 것은 수술 후 처음 보는 사람들의 반응이다. "예쁘다, 정말 예쁘다."고 말해주어야 한다. 주변의 반응이 부정적이거나 애매하면 그들은 치명적인 상처를 입는다.

그날로부터 그녀는 외출을 할 수가 없었다. 부득이 밖에 나갈 때는 검은 선글라스에 마스크를 썼다. 얼굴을 보지 않으려고 집안의 거울을 모두 없애버렸다. 그녀는 휴직까지 하고 두문불출했다. 허구한 날 울고 남편과 소리지르며 싸웠다. 잠도 잘 수 없었다. 그러다가 문득 '이러다가 폐인이 되겠다.' 하는 생각이 들었고 친정어머니와 함께 정신과를 찾게 되었다.

알고 보니 그녀의 '코 콤플렉스'는 어머니와 관련이 있었다. 그녀는 어려서부터 어머니를 싫어했다. 어머니는 냉정하고 극성스러운 분이었다. 유순한 아버지는 항상 어머니의 밥(?)이었다. 아버지는 돈 잘 버는 변호사였다. 그래도 어머니는 입만 열면 아버지를 무능한 인간이라고 무시했다. 그럴 때마다 아버지는 자리를 피하거나 침묵하는 게 고작이었다. 어린 그녀는 아버지가 불쌍했다. 어머니는 같은 말도 아프게 말하는 분이었다. "아이고, 못난 것이……." 빈정거리는 말투였다.

그녀는 아픈 기억을 갖고 있었다. 초등학교 1학년 때였다. 엉덩이에 부스럼이 났다. 엄마에게 달려가서 "엄마, 엉덩이가 아파." 하며 팬티를 내리고 엉덩이를 보여주었다. 엄마는 몹시 화를 내며 "계집애가 어디서 함부로 엉덩이를 까 보이니?" 하고 나무랐다. 그녀는 몹시 부끄러웠다. 팬티를 다시 올릴 수도 없고 그대로 있을 수도 없었다. 그녀는 이 일을 이야기하면서 엉엉 울었다. 잊을 수가 없다고 했다. 이상하게도 어머니를 생각하면 늘 이 일이 떠오른다고 했다. 이런 기억을 정신분석에서는 아주 의미 있는 기억으로 본다. 그 기억 뒤에 많은 감정과 아픈 기억들이 숨어있는 경우가 많다. 엉덩이에 부스럼이 난 어린 딸은 어머니의 도움이 필요했을 것이다. 어머니의 위로를 기대하고 달려갔는데, 반대로 어머니는 차갑게 책망했다. 수치심을 주었다. 아이의 감정은 복잡했을 것이다. 이건 상처받은 기억 traumatic memory이다.

'나는 부끄러운 아이야.'

수치심이 그녀의 의식 세계로 들어왔다. '부끄러운 아이'의 '부끄러운 코'를 제거하고 싶었다. 그래서 수술을 한 것이다. 그녀가 자기 코를 부끄러워하고 미워하고 제거하고 싶었던 데는 또 다른 이유가 있었다. 그건 자기 코가 어머니의 코와 닮았다는 것이었다. 아버지의 코는 오뚝한데 어머니의 코는 주먹코였다. 자기의 주먹코는 어머니를 상징하고 있었다.

그런데 한 가지 의문이 생겼다. 그런 미운 코를 성형수술로 제거했는데 왜 우울증이 생긴 것일까? 두 가지 설명이 가능했다. 하나는 수술 후 아이덴티티의 혼란이 온 것이다. 주먹

코는 미웠지만 어려서부터 지금까지 익숙한 자기 신체상body image은 주먹코였다. 그런데 어느 날 갑자기 오똑한 코가 등장하면서 혼란에 빠졌던 것 같다. 신체상은 아이덴티티의 기초다. 신체상은 마음속 깊은 무의식에 각인되어 있다. 아이덴티티의 혼란은 인간에게 위기감을 준다. 망망대해 어둠 속에서 길을 잃은 기분이다. 블랙홀에 빨려들어가는 기분이다. 정신분열증 환자들이 분열증에 빠져들어갈 때 경험하는 그런 기분이다.

그녀가 성형수술을 받고 우울증에 빠진 또 하나의 이유는 어머니에 대한 죄책감과 어머니를 잃어버린 상실감 때문이었던 것 같았다. 상징적인 행동이었지만 주먹코를 제거한 것은 어머니를 제거한 것이었다. 어머니에게 죄송한 일이었다. 죄책감은 우울증의 원인이 된다.

어머니에 대한 딸들의 마음은 복잡하다. 미우면서도 한편에서는 늙은 어머니를 동정하고 또 어머니에게 사랑받고 싶기도 하다. 마음속 아이가 어머니를 잃어버리면 인생의 강력한 후원자를 상실하는 것이다. 그녀의 마음속 아이는 객지에서 어머니를 잃은 아이처럼 두렵고 외로웠던 것 같다. 이 상실감이 우울증의 원인이었다. 그녀가 이런 마음속 비밀을 이해하고 직장에 복귀하는 데는 거의 1년이 걸렸다.

　예뻐지기 위해서 기계적으로 얼굴만 고치면 인생도 달라질 것이라고 기대하는 사람들이 성형수술을 받는다. 그러나 인생은 그렇게 일차함수처럼 쉬운 것이 아니다. 열등감은 그 뿌리가 훨씬 깊다. 성형수술을 받기 전에 자신의 신체 열등감에 대해서 더 깊이 생각해 볼 필요가 있다. 열등감 중 가장 많은 것이 외모에 대한 열등감이다. 그중에서도 눈에 대한 열등감이 가장 많다. 그래서 그런지 성형수술 중 쌍꺼풀 수술이 가장 많다. 코와 가슴이 다음 순이다.

　엄마는 인생에 가장 중요한 무의식을 형성한다. 엄마가 많이 배웠든 못 배웠든, 재산이 많든 적든 상관이 없다. 엄마가 아이와 어떤 관계를 맺었는지가 중요하다. 배고플 때 먹여주고, 똥오줌을 쌌을 때 빨리빨리 치워준다면, 아이는 엄마를 신뢰할 수 있고 세상이 안전하다고 느낄 것이다. 어린 시절 아이에게 공감과 지지를 해준다면 아이의 자존감은 건강할 것이다. 내 엄마와 나는 어떤 관계를 맺고 있었는지, 지금 나는 내가 키우고 있는 아이와 어떤 관계를 맺고 있는지 자문해 보자. 아이의 스펙을 만들어 주는 일보다 더 중요한 것이 엄마와 아이가 맺고 있는 관계이다.

4부

내 인생의 거인
'아버지'

내 위에서 나를 감시하는
또 다른 '나'

엄마뿐 아니라 아버지도 한 인간의 내면에 커다란 영향을 미치는 존재다. 현실의 아버지는 이미 늙고 이가 다 빠져버린 사자다. 그러나 '마음속의 아버지'는 엄청난 힘을 가진 어릴 때 경험한 아버지 그대로이다.

어린아이의 눈으로 돌아가 보자. 아이에게 아빠는 얼마나 커 보이겠는가. 넓은 등과 힘센 팔로 무엇이든 척척 해낼 수 있을 것처럼 보인다. 외계인이 쳐들어와도 물리칠 수 있는 슈퍼맨 같은 존재다. 만약 그런 아빠가 화를 내면 아이는 얼마나 두렵겠는가. 그런 아빠가 아이를 무시하고 나 몰라라 하면 아이는 얼마나 서럽겠는가.

그런데 아버지와 관계가 좋지 않았거나 아버지 부재의 가정에서 자란 아들들은 아버지 역할에서 어려움을 겪는 경우가 많다. 분노 조절을 못하고 폭발적으로 화를 내고 자녀를 폭행하는 아버지가 되기도 한다. 남성 역할의 어려움도 많이 겪는다. 화내야 할 때 화를 내지 못한다. 그래서 너무나 유순한 남성이 되기도 한다.

딸도 마찬가지다. 아버지와 사이가 좋지 않았거나, 아버지가 엄마를 학대하는 모습을 보고 자란 딸들은 성인이 돼서 이성과의 관계에서 어려움을 겪는 경우가 많다. 반면에 아버지가 성장 과정에서 딸을 항상 응원하고 지지해 주면 사회적으로 성공할 확률이 매우 커진다.

아버지의 눈에 아이들은 미숙하기만 하다. 어른의 눈으로 보면 아이들의 행동은 굼뜨기만 하다. 성에 안 차니까 화를 내고 비난을 한다. "그렇게 해서 되겠니? 좀 더 빨리 움직여." "너 때문에 내가 창피해서 못살겠다." "너 지금 아빠한테 반항하는 거니?" 그러나 이런 말은 아이에게 천둥보다 더 무서운 소리다. 그리고 그대로 아이의 내면에 '자기 비난의 소리'로 내재화되어 평생을 따라다닌다.

정신분석을 창시한 지그문트 프로이트는 우리 내면에 자신을 평가하고 비판하는 마음의 구조가 있다고 했다. 이것을 '초자아 superego'라고 이름 붙였는데, 다른 말로 하면 '내 위에 있는 나'라고 할 수 있다. 내 위에서 나를 감시하는 또 다른 나다. 이 초자아가 자존감에 매우 큰 영향력을 행사한다. 초자아는 내 행동의 옳고 그름을 판단하고, 나의 값을 매기는 '내면의 권위자'다. 예컨대 초자아가 비합리적으로 엄격한 사람이라면, 그의 내면세계는 비난의 소리로 가득할 것이다. 그런데 이런 '내면의 권위자'는 어릴 때 부모의 모습이 그대로 재현된 것이다. 생각할수록 엄마 아버지의 영향력이 크고 엄청나서 전

율이 느껴진다.

아이를 배 속에서 10개월간 품는 엄마에 비해, 아버지의 아이에 대한 애착은 처음부터 크지 않을 수 있다. 게다가 아버지들은 직장 일로 바쁘다. "아내가 알아서 잘 키우겠지." 하는 마음도 있다. "가족이 편해지려면 나는 더 바빠야 해."라고 생각하며 "나중에 여유가 생기면 아이들과 놀아줄 거야."라고 위안을 삼기도 한다. 하지만 어릴 때의 아이는 다시 돌아오지 않는다. 좋은 아버지가 되려면 꼭 많은 시간을 아이와 보낼 필요도 없다. 얼마나 많은 시간을 보냈느냐보다 그 시간을 아이와 어떻게 보냈느냐가 더 중요하다.

아이와 적은 시간을 보내더라도 아버지의 사랑하는 마음과 따뜻한 눈빛을 자녀들에게 아낌없이, 과감하게 표현해 보기 바란다. 아버지의 사랑을 듬뿍 받고 자란 아이들은 자존감이 무럭무럭 자란다. 그리고 그 자존감은 아이에게 자신감이라는 에너지를 심어주어 할 수 없는 것도 하게 하는 힘을 갖게 한다. 때론 넘어지고 쓰러져도 아이는 다시 일어날 수 있는 그 힘을 얻는다.

엄격하고
성질 급한 아버지

4부

H는 20대 대학생이었다. 우울하고 쓸데없는 생각이 자꾸 떠올라 공부를 할 수 없다며 나를 찾아왔다. 지난 5년간 폐인처럼 살았다고 했다. 잔인할 정도로 가혹한 아버지가 문제였다. 어느 날 분석 시간에 그가 "엘리베이터를 타지 않고 걸어 올라왔어요."라고 했다. 내 분석실은 6층에 있기 때문에 걸어 올라오려면 힘들다. 웬일일까? 나는 그의 다음 연상을 기다렸다.

수일 전에 엘리베이터를 탔는데 의사 선생님으로 보이는 남자분이 탔다. H가 6층 버튼을 눌렀는데 그분은 7층을 눌렀다. 그 순간부터 H는 불안해지기 시작했다. '내가 6층을 눌렀기 때문에 엘리베이터가 6층에서 한 번 멈춰야 한다. 내가 6층을 누르지 않았다면 이분은 논스톱으로 7층까지 올라가셨을 것이다. 지금 내가 이분의 시간을 빼앗은 것이다. 그래서 이분은 내게 화가 났을 것이다.'

H는 엘리베이터가 6층에 도착할 때까지 좁은 공간 안에서 그를 쳐다보지도 못하고 숨쉬기가 어려울 정도로 긴장했다. 그 일 이후로 엘리베이터 안에 흰 가운을 입은 사람이 타고 있으면 6층까지 걸어 올라온다고 했다. 나는 엘리베이터도 마음 편하게 이용할 수 없는 그가 안쓰러웠다.

H의 무의식에서, 엘리베이터에서 만난 흰 가운을 입은 남자는 나를 상징하고 있었다. 나도 흰 가운을 입고 있는 의사였다. 내 시간을 뺏으면 내가 아버지처럼 분통을 터뜨릴 것이라고 생각했던 것이다. 엘리베이터 안에서 그는 또 한 번 유년기의 무서운 아버지를 만났던 것이었다.

아버지는 성질이 급했다. 기다리는 것을 못 견디셨다. 어릴 때 텔레비전을 고치던 아버지가 H에게 드라이버를 가져오라고 했다. 어린 H는 연장통까지 전속력으로 달려갔다. 마음속으로 '연장통에서 드라이버를 찾을 수 있어야 할 텐데……' 걱정을 하며 달려갔다. 너무 긴장한 나머지 연장통에서 드라이버를 찾을 수 없었다. 기다리던 아버지가 달려왔다. 드라이버를 찾아낸 아버지는 화를 내시며 "눈앞에 두고도 못 찾느냐? 이 병신아. 도대체 네가 제대로 하는 게 뭐냐?"고 했다. 흥미롭게도 H는 자주 "저는 아무것도 못해요. 저는 제대로 할 줄 아는 게 아무것도 없어요."라고 말하곤 했다. 아버지의 언어였다. H는 자신감이 없었고 항상 스스로를 무능력자라고 비난했다. H가 열등감이 심한 이유는 마음속에 그를 비난하고 무시하는 아버지가 살고 있기 때문이었다. H는 500시간 이상 분석을 받았다. 다행스럽게도 결과는 성공적이었다. H는 무의식에서 그를 지배하던 아버지로부터 해방되었고, 어려운 취직 시험에도 합격했다. 물론 엘리베이터도 자유롭게 탈 수 있게 되었다.

아버지들은 자신의 아버지가 어떤 분이었는지 생각해 봐야 한다. 아버지와 자신의 관계를 살펴봐야 한다. 특히 유년기에 경험한 아버지를 회상해 볼 필요가 있다. 자신도 모르게 자기 아들에게 어릴 때 자기 아버지가 했던 방식으로 행동할 수도 있기 때문이다.

내 마음이면서도 내가 알지 못하는 마음이 있다. 여기가 무의식이다. 모든 노이로제를 일으키는 정신적 갈등이 여기 숨어있다. 자녀와 가까워지지 못하는 아버지들이 있다. 친밀함의 문제인데 그 원인도 대부분 여기에 숨어있다. 좋은 엄마, 좋은 아빠가 되기 위해서는 자신의 무의식을 이해할 필요가 있다.

H의 아버지처럼 사나운 아버지도 문제지만 너무 나약한 아버지도 문제다. 아버지가 자기 역할을 하지 못하거나 부재할 때, 정신분석에서는 이를 '아버지 결핍증 father hunger'이라고 부른다. 이때 자녀는 열등감이 심한 사람으로 자라게 된다.

싸워야 할 때
싸우지 못하는 아들

미국 대학의 교수인 M은 동성애자이다. 특히 잘생기고 젊은 남자애들을 보면 성욕을 느낀다. 젊은 애들에게 '아버지 역할'을 해주고 싶은 욕구 때문이었다. 이 욕구가 동성애로 표현되고 있었다.

그의 내면세계에서는 '성적으로 애무해 주는 것'을 '아버지가 아들을 사랑해 주는 것'이라 착각하고 있었다. 자기가 어릴 때 아버지에게 받지 못한 사랑을 젊은 애들을 통해서 맛보려 하고 있었다. 무의식에서는 자기가 아버지 역할을 하고, 동성애 상대가 된 젊은 애는 어린 시절 자신의 역할을 하고 있었다. 하나의 '역할 바꾸기 role reversal'였다. M은 그렇게 어릴 때 충족되지 못한 아버지 결핍을 채우고 있었다.

최근에 M의 아버지가 돌아가셨다. 장례식 때도 그는 가족들에게 '아버지 역할'을 헌신적으로 했다. 어머니를 위로하고 동생들을 다독였다. 장례식의 모든 과정을 거의 혼자서 도맡았다. 눈코 뜰 새 없이 바빴다. 장례 기간 중에 자신은 전혀 슬픔을 느끼지 못했다. 눈물도 전혀 나오지 않았다. '내가 이렇게 무정한 사람인가?' 돌아가신 아버지에게 죄송하기도 했다. 장례식을 마치고 대학으로 급히 돌아왔다. 강의 준비를 하고 학교 스케줄을 따르다 보니 아버지의 죽음과 슬픔을 느낄 시간이 없었다.

　실은 시간이 없는 게 아니었다. M은 분주함 속에 슬픔을 파묻고 있었다. 그렇게 아버지의 죽음을 회피하고 있었다. 무의식 중에 슬픔을 부정denial하고 있었다. 자신이 살아서 아버지 역할을 하고 있는 동안 아버지는 살아계신 것이라고 믿고 있었던 것이다. 아버지는 돌아가신 것이 아니고 살아서 가족을 위로하고 있고 일하고 계신 것이었다. 불합리하고 말도 안 되는 논리지만 아버지 상실의 아픔을 피하는 방법이었다.

　이렇게 '아버지 결핍증'인 아들은 아버지 죽음도 자연스럽게 받아들일 수 없다. 특히 M처럼 죽음을 부정하면 오히려 고인에 대한 죄책감이 심해지고 슬픔이 오래 지속된다. 애도 과정mourning process이 일어나지 못하기 때문이다. 우울증 같은 부작용도 심하다.

　애도 과정이란 돌아가신 분을 떠나보내는 심리적 과정이다. 인간의 마음은 복잡한 것이어서 사랑하는 사람이 돌아가시면, 이성적으로는 떠나가셨다는 것을 알면서도 마음속에서는 그분이 상당 기간 살아계신다. 마음에서 떠나시는 데 대략 6개월이 걸린다. 이 기간이 지나도 돌아가신 분을 떠나보내지 못하면 5년, 10년이 흘러도 슬픔이 가라앉지 않는다.

유난히 애도 반응이 어려운 경우가 있다. 고인에 대한 죄책감이 심할 때이다. '내가 잘못해서 돌아가신 거야. 서둘러서 병원에 모셨어야 했어. 방관했던 내 탓이야. 내가 죽인 거야.' 이렇게 되면 죽음에 대한 책임을 져야 하기 때문에 고인을 떠나보낼 수가 없다. 책임 회피가 되기 때문이다.

M의 경우도 아버지에 대한 죄책감이 있었다. 아버지는 아들에게 무관심했다. 투명 인간을 대하듯 했다. 어린 M은 아버지의 관심과 사랑을 받고 싶었지만 아버지는 냉랭했다. 차갑게 외면하는 아버지를 보며 M은 실망하고 상처를 받았다. 어린 M은 아버지가 미웠다. 일반적으로 아버지를 증오하는 아들들은 아버지가 아무리 못된 짓을 했을지라도 죄책감을 느낀다. 대개 자식들은 아버지에게 사랑과 증오라는 두 가지 감정을 동시에 느끼기 때문이다. 이를 '양가감정 ambivalence'이라 한다.

M도 마음 한편에서는 아버지를 사랑했다. 그러나 다른 한편에서는 아버지를 증오했다. 그래서 죄책감을 느꼈다. 죄책감은 아버지의 죽음을 받아들일 수 없게 했고, 애도 과정을 막았다. 이런 심리적 과정 때문에 M은 슬픔을 느끼지도 못하고, 마음 놓고 울 수도 없었다. 눈물도 나오지 않았다.

어릴 때 M에게 아버지는 전혀 관심을 주지 않았다. 아버지 결핍증이었다. 아버지 결핍증은 아버지가 일찍 돌아가셨거나 이혼 같은 이유로 아들 곁에 아버지가 계시지 않았을 때 발생한다. 또한 M의 경우처럼 아들에게 관심을 주지 않는 존재일 때도 일어날 수 있다.

아버지 결핍은 아들들의 심리적 성장에 심각한 후유증을 일으킨다. 특히 두드러지는 성격은 싸워야 할 때 싸우지 못하는 성격이다. 예컨대 M은 어려서부터 싸움을 두려워했다. 특히 남성끼리 싸우는 것을 몹시 두려워했다. 애들이 무서웠다. 그중에서도 깡패가 무서웠다. 그래서 비굴할 정도로 순한 아이로 살았다. M의 별명은 '계집애'였다. 남자답지 못하고 겁을 잘 먹기 때문에 붙은 별명이었다. M 자신도 비굴하고 나약한 자신이 혐오스럽고 부끄러웠다. 남자답지 못한 자신이 싫었다.

M이 어릴 때부터 자주 꾸는 꿈이 있다. 깡패 같은 애들이 M을 둘러싸고 고함치며 위협한다. 애들이 자기를 죽일 것 같다. 공포가 밀려든다. 위기 상황이다. 도망갈 길이 없다. 누군가 도와줬으면 좋겠다. 그러나 끝내 구원자는 나타나지 않고 공포 속에 허덕거리다 잠을 깬다. 이 꿈은 '아버지 결핍증'을 가진 아들의 심정을 아주 잘 보여주고 있다.

아버지가 없는 아이들은 다른 사내아이들과 싸울 때 갑

자기 무력감을 느낀다. '내가 저 애를 때리면 저 애 아버지가 나타나서 나에게 보복할 거야. 그러나 나는 도와줄 아버지가 없잖아.' 꿈속에서 어린 M이 기다리던 구원자는 아버지이다. 그러나 아버지는 없다. 그래서 비굴하게 굴복할 수밖에 없다.

'싸우면 처참하게 패배한다. 살아남으려면 항복하거나 도망치는 수밖에 없다.'

그래서 '아버지 결핍증'인 아들들은 억울한 일을 당해도 자기 권리를 주장하지 못한다. 양보 잘하는 사람, 선량하고 순한 사람이라는 칭찬(?)은 듣지만 속으로 분노가 쌓인다. 공격성을 처리하지 못한다. 이렇게 누적된 분노는 엉뚱한 데서 터져 나오기도 한다. 순하디 순하던 남편이 사소한 일로 폭발하듯이 화를 내는 경우가 그렇다.

아버지는 아들들에게 힘이고 위기에서 구해주는 구원자이다. 뒷심이고 '빽(?)'이다. 아이들은 아빠만 있으면 어떤 강적도 두렵지 않다. 아빠만 곁에 있으면 싸워야 할 때 용감하게 싸울 수 있다. 그러나 아빠가 없어지면 아들은 응원군 없는 패잔병이 된다. 억울한 일을 당해도 싸울 엄두가 안 난다. 겁먹고 숨는 아들이 된다.

아버지의 권위는
어떻게 만들어지나

'아버지 결핍증'이 '아버지가 없다'는 사실만으로 발생하는 것은 아니다. 아버지를 대신할 외삼촌이나 할아버지가 있어도 예방할 수 있다. 내 생각에 현대 한국 가정에서 아버지의 실재적인 결핍보다 더 문제되는 것은 M의 아버지처럼 '애들에게 무관심한 아버지 unresponsive father'이다. 아들에게 무관심한 아버지, 권위가 없어서 존재감이 없는 아버지가 문제다. 아버지가 분명히 계신데 집안에서 아버지의 존재를 도무지 확인할 길이 없는 것이 문제다. 어느 유치원 아이에게 가족을 그리라고 했다. 엄마, 여동생, 자기, 그리고 강아지도 그렸다. 그런데 아버지가 보이지 않는다. "아버지는 어디 계셔?" 아버지는 종이 뒷면에 따로 있었다. 아버지는 있으나 보이지 않는 존재였던 것이다. 일찍 출근하고 아이가 잠든 뒤에 퇴근하는 아버지, 휴일에는 잠만 자는 아버지가 이런 아버지이다.

무기력한 아버지도 문제다. 초등학생 아들이 친구들에게 아버지 자랑을 했다. "우리 아버지는 권투 선수였어. 챔피언도 먹었대. 우리 아빠 진짜 멋지지?" 친구들이 "에이 거짓말!" 하고 반박했다. 아들은 친구들에게 용감하고 자랑스러운 아버지를 증명해 보이고 싶었다. 친구들을 데리고 와서 아버지에게 물었다. "아빠, 권투 선수였지? 챔피언도 먹었지, 그렇지?" 그러나 아버지의 반응은 실망스러운 것이었다. "아빠 피곤해. 귀찮게 하지 말고 저리 가." 아버지는 실직하고 풀이 죽어있었다. "먹고살기도 힘든데 권투는 무슨 놈의……." 이런 아버지 앞에서 아들은 마음 한편이 무너지는 듯한 좌절감을 느꼈다.

정신분석가 코헛은 이런 좌절감을 자기애적 좌절감 narcissistic failure이라 했다. 마음의 집을 지탱하던 기둥 하나가 무너지는 좌절감이다. 이런 좌절감을 주는 아버지를 가진 어린 아들은 '아버지 결핍증'에 빠진다. 이런 아들들은 산다는 것이 두렵기만 하다. 도처에 위험이 도사리고 있는 것 같아서 무섭고 조심스럽다. 남들의 비난이 두렵고 공격당할까 봐 노심초사한다. 그래서 남의 눈치를 많이 보고 잘 보이려고 애쓴다 being nice.

그러나 든든한 아버지를 가진 아들은 적 앞에서도 당당하다. 인생의 파도도 두렵지 않다. '어차피 인생은 문제와 도전의 연속이야. 응전하고 파도를 넘으면 평화로운 날이 올 거야. 기쁨의 열매를 따 먹을 수 있을 거야.' 하는 긍정적인 믿음을 갖고 세상을 산다.

전통적인 한국 사회의 가족 구조에서 아버지는 권위 있고, 가족을 먹여살리고 보호하는 사람이다. 어머니는 아버지의 권위를 인정하고 어린 자녀를 양육한다. 그리고 자식들은 이런 부모를 사랑하고 공경한다. 이처럼 아버지의 중요한 역할은 가족의 생계를 책임지고 적으로부터 가족을 보호하는 것이었다. 집안에서 가장 중요한 어른이 아버지였다.

    그런데 이런 역할 구도가 깨지고 있다. 적으로부터 가족을 보호하는 역할을 어머니가 맡게 되었다. 밤중에 부엌에서 달그락거리는 소리가 나면 아버지들이 부인에게 "부엌에서 무슨 소리가 나는데 당신이 나가봐." 한다고 한다. 차를 몰고 가다가 접촉 사고가 나도 아버지들은 뒤로 숨고 어머니들이 맞붙어 싸워서 일을 처리한다고 한다. 아버지들이 약해졌다. 식탁에서도 아버지는 뒤로 밀리고 있다. 맛있고 좋은 음식은 아이 차지다. 거실에서 텔레비전도 마음 놓고 보지 못한다. "여보, 볼륨 좀 낮춰요. 애가 숙제하잖아요." 핀잔을 듣고 아버지는 꾸중 들은 아이처럼 안방으로 피해 들어간다.

    아버지의 권위는 아버지 스스로 세울 수가 없다. 어머니가 세워줘야 권위가 선다. 아들들이 어머니를 신뢰하고 좋아하기 때문이다. 예컨대 아버지가 아들을 장시간 훈계했다. "어린 동생을 괴롭히면 안 돼. 다음에 또 그러면 크게 혼날 줄 알아, 알았지? 이제 들어가 공부해." 아들은 입이 부어가지고 공부방으로 들어간다. 이럴 때 어머니가 아들의 뒤를 따라 들어간다. 안쓰러운 마음에 아들을 위로하고 싶다. 그래서 이렇게 말한다. "네가 이해해라. 네 아버지 성질 급한 거 너도 잘 알잖아."

어머니가 이렇게 말하면 아버지의 권위는 순식간에 무너지고 만다. 그 순간 아버지는 성질 더러운 아버지가 되고 만다. 아버지 귀가가 늦어질 때 어떤 엄마들은 자식들 앞에서 이렇게 남편을 비난한다. "네 아버지 또 늦는다. 어디서 또 술 먹는가 보다." 어떤 엄마들은 남편에게 당한 이야기를 아들에게 하소연한다. "네 아버지 때문에 내가 이렇게 불행하다." 그러면 아들은 심한 갈등에 빠진다. 아버지는 미워할 수 없는 존재이기 때문이다. 어머니들이 아버지의 권위를 세워드려야 한다.

"아빠가 너를 사랑하기 때문에 꾸중하시는 거야. 아빠만큼 너를 사랑하시는 분은 없을 거야. 지난번 네가 밤중에 연락도 안 되고 행방을 모를 때, 아빠가 네 걱정을 얼마나 했는지 넌 모를 거야."

"아빠는 네가 자랑스러우신가 봐. 친구들에게 네 자랑을 많이 하셔."

집안에서 아버지의 존재가 확실해야 아들이 씩씩하게 잘 자랄 수 있다.

아버지는 강하고 남자다워야 한다. 아이에게 강한 남성상을 보여줘야 한다. 남자애들은 아버지를 동일시하고 흉내내면서 남성이 되기 때문이다. 고추만 달고 나온다고 다 남자가 되는 것이 아니다. 가정에서 아버지의 남성다움을 닮는 과정이 필요하다. '아버지 동일시'라는 과정을 밟아야 남자가 된다.

그런데 아들이 아버지를 보고 닮으려면 아버지가 강해 보여야 한다. 부럽고 좋아 보여야 닮고 싶은 동기가 생긴다. 빈약하고 무시당하는 아버지를 닮고 싶은 아이는 없다. 그래서 아버지는 아이에게 존경스럽고 든든한 분으로 보여야 한다. 아들이 정상적인 '성 주체성 gender identity'을 갖는 것은 아버지를 통해야 가능해진다. 아이는 아버지를 보고 닮아 남성성을 받아들인다. 그렇게 남자가 되고 결혼에 대한 꿈도 갖게 된다.

나는 사춘기 소년을 상담할 때 소년이 "여성에 대한 성적 상상 때문에 괴로워요." 하면 한편 안심한다. 적어도 성 주체성 확립만은 확실히 되었다는 것을 확인할 수 있기 때문이다.

아버지가 강하고 존경스럽게 보여야 할 또 다른 이유가 있다. 아버지는 아들에게 인생의 모델이 되기 때문이다. 아버지를 통해서 아이들은 인생의 비전을 갖게 된다.

오이디푸스 콤플렉스가
잘 해결되려면

아들들은 필연적으로 아버지와 갈등을 경험하며 자라게 되어있다. 좋은 아버지를 가진 아들들조차 어릴 때 아버지에게 경쟁심을 느끼고 갈등을 느낀다. 대략 4~5세 때 아들은 오이디푸스 콤플렉스 oedipus complex 를 경험한다. 오이디푸스 콤플렉스란 아들이 어머니를 사랑하고 아버지를 라이벌로 느끼는 콤플렉스다. 정신분석에서 모든 신경증의 원인이라고 말할 정도로 중요시하는 성장의 한 과정이다.

오이디푸스기에 도달하면 아들은 어머니를 독점하고 있는 아버지에게 질투심을 느끼고 제거하고 싶다. 하지만 아버지에게 대항할 힘이 없다. 어머니에 대한 욕구를 갖고 있기 때문에 아버지가 보복할 것이라고 생각한다. 자신을 거세시켜서 남자 구실을 못하게 할 것이라는 공포증에 빠진다. 거인 아버지 앞에서 아들은 무력한 존재일 뿐이다. 이때 아이가 느끼는 불안을 '거세 공포증 castration anxiety'이라고 한다. 너무 강력하고 성적인 죄책감을 동반하기 때문에 여간해서는 의식 표면에 떠오르지 않는다. 그래서 "그런 것은 없다."고 완강하게 부정하는 사람들이 많다.

분석가인 나는 거의 매일 분석 시간에 오이디푸스 콤플렉스를 만난다. 인간이면 누구나 경험하는 보편적 현상 universal process이다. 이 불안을 피하기 위해서 아들은 아버지와 화해를 시도한다. 아버지의 말 잘 듣는 아들이 되는 것이다. 아버지의 명령을 따르고, 아버지의 가치관과 도덕관을 받아들인다. 이것이 아들의 도덕성이 되고 가치관이 된다. 이를 '초자아'라 한다.

아들이 사춘기가 되면 어머니를 욕심내는 것은 너무나 위험한 일이라는 것을 깨닫고 어머니를 포기한다. 그리고 어머니처럼 매력적인 여성의 사랑을 받으려면 아버지같이 남성다워야 한다는 사실을 깨닫는다. 아버지의 남성다움을 받아들여 성 주체성이 확립된다. 이때쯤 어머니 뒤에 가려져 있던 여성들이 등장한다. 그리고 그중 한 여성과 사랑에 빠져 결혼한다. 오이디푸스 콤플렉스의 해결이고 완성이다.

그런데 오이디푸스 콤플렉스를 완전히 해결한 사람은 없다고 말해도 과언이 아니다. 아버지도 인간이고 아들과 완벽한 관계를 나눌 수 없기 때문이다. 딸의 경우는 '엘렉트라 콤플렉스electra complex'라 하는데, 아버지에게 사랑을 느끼고 어머니를 라이벌로 삼는다는 점이 다르다. 오이디푸스 콤플렉스에서 빠져나오지 못한 아버지가 딸을 병들게 만드는 경우도 있다.

F는 딸 하나를 둔 아버지이다. F의 부인은 그가 청년 시

절에 꿈꿔왔던 '어머니 같은 여자'와는 거리가 멀었다. F는 부인을 사랑하는 대신에 자신의 이상형인 어머니를 꼭 닮은 딸에게 애정을 쏟았다. 아내가 딸을 꾸짖으면 딸 앞에서 아내를 모욕했다. 다 큰 딸을 목욕도 시켜주었다. 가끔은 딸 침대에서 함께 자기도 했다. 그 결과 딸은 아버지에게 집착하게 되었다. 어머니를 무시하고, 무엇이든 아버지를 모방했다. 인형 놀이나 여자들이 즐겨 하는 놀이는 싫어했고 병정놀이나 자동차 놀이를 했다. 옷도 사내아이처럼 입고 다녔다.

    F의 딸은 어머니에 대한 적대감 때문에 여성적인 것은 무엇이나 싫어하고 거부했다. 이 아이는 여자다운 여자로 성장하지 못했다. 그 대신에 말 많고 사납고 공격적인, 남자 같은 여자가 되었다. 이 모든 일은 아버지 F가 자신의 오이디푸스 콤플렉스를 해결하지 못했기 때문에 초래한 비극이었다. 딸에게 여성이 된다는 것은 아버지와 이성 관계가 되는 것이었다. 그래서 딸은 여성성을 거부할 수밖에 없었던 것이다. 이것이 딸의 심리적 현실이었다. 물론 자기도 모르는 무의식에서 진행되는 일이기 때문에 기억나지 않는 부분이 많고 잘 이해되지도 않으며 설명도 어렵다. 그러나 엄연한 현실이고 인생을 지배할 만큼 위력적인 심리적 현실이다.

부모의 해소되지 않은 콤플렉스는 이렇게 자녀에게 대물림되면서 자녀의 인생을 제대로 살지 못하게 묶는다. 아이들마다 갖고 태어나는 인생의 예쁜 꽃을 피우지 못하게 한다. '무의식에서 나는 아버지와 어떤 관계를 맺고 있는가?' 성찰이 필요하다.

어머니들 역시 자신의 아버지를 생각해 볼 필요가 있다. 오이디푸스 콤플렉스가 원만히 해결되지 못한 어머니들 중에는 아들에게서 아버지상을 찾는다. 아버지에게서 얻지 못했던 만족을 아들에게서 찾기도 한다. 남편의 자리에서 남편을 몰아내고 아들을 앉히기도 한다. 또한 오이디푸스 콤플렉스가 원만히 해결되지 못한 여성들은 이성 관계가 어렵고 성생활이 만족스럽지 못하다. '오이디푸스 소녀 oedipal girl'는 성생활에 죄책감을 느끼기 때문이다. 그래서 노처녀가 되기도 한다. 한 가지 밝혀둘 것은 현대 정신분석에서는 오이디푸스 콤플렉스와 여성의 오이디푸스 콤플렉스인 엘렉트라 콤플렉스를 구별하지 않고 모두 오이디푸스 콤플렉스로 쓴다는 것이다.

오이디푸스 콤플렉스가 잘 해결되려면 부모와 관계가 좋아야 한다. 앞서 이야기했던 아버지 부재도 오이디푸스 콤플렉스의 해결에 문제를 일으킬 수 있다. 친밀한 부모 자식 관계가 동성 부모의 가치관과 도덕관을 잘 받아들이게 만들면서, 적대적인 관계를 해소하는 데 도움을 주는 것이다. 또한 오이디푸스 콤플렉스를 잘 해결하려면 부부 사이가 좋아야 한다. 그래야 아이가 부모 사이에서 끼어들 틈새를 찾지 못한다. 그래서 이성의 부모를 포기하는 과정이 쉬워진다.

부모의 외도 사실을 알게 되었을 때도 자녀는 콤플렉스 해결에 어려움을 겪을 수 있다. 아들이 성중독이나 바람둥이가 되기도 한다. 결국 아이가 오이디푸스 콤플렉스를 잘 해결하기 위해서는 부부 사이가 좋은 부모가 아이에게 사랑을 듬뿍 주어 키우면 된다.

내가 경험한
거세 공포증

싸울 때 싸울 줄 알고, 분노를 적절하게 표현해서 쌓아두지 않는 아이로 키우려면 오이디푸스 콤플렉스를 건강하게 해소하도록 도와주어야 한다. 같은 성의 부모와 친밀한 관계를 형성하여 부모의 가치관과 도덕관을 내면화하도록 도와주어야 한다. 그래야 부모가 아닌 이성에게 사랑을 느낄 수 있다. 오이디푸스 콤플렉스가 완벽하게 해결된 사람은 없다. 정도의 차이가 있을 뿐, 나이 먹어서까지 끊임없이 따라다닌다. 내가 40대에 경험한 오이디푸스 콤플렉스 이야기를 해보겠다.

런던에서 분석 이론을 공부하면서 분석을 받고 있을 때였다. 나는 그때 감당할 수 없는 불안신경증을 경험했다. 죽을 것만 같았다. 오이디푸스 콤플렉스에서 나오는 거세 공포증에 의한 불안 증세였다. 이 거세 공포증은 지식의 문제가 아니라 무의식의 문제였기 때문에 처음에는 나 자신도 내가 왜 이렇게 불안한지 이유를 알 수 없었다. 내 경험담을 통해 독자들이 자신에게 불쑥불쑥 찾아오는 원인 모를 불안과 공포를 이해하는 데 도움이 되길 바란다.

런던대학의 샌들러 Joseph Sandler 교수는 대단한 정신분석가였다. 주옥같은 논문과 책을 냈고 국제정신분석학회 회장도 지냈다. 정신분석학계의 거물이었다. 나는 매주 서커스 로드

35번지, 그의 집에서 정신분석 이론을 배웠다. 일대일의 토론식 공부였다. 당시 나는 40대 초반이었고, 혼자서 한국 식당에서 하숙을 하고 있었다. 처음 해보는 이국 생활은 낯설었고 모든 것이 생소했다. 런던에서 나는 시골 장터에 내놓인 촌닭처럼 위축돼 있었다. 그런 어느 날 오후, 샌들러 교수의 집을 나와서 에스컬레이터를 타고 지하철역으로 들어가는데 갑자기 불안이 시작되었다. '내가 왜 이러지?' 알 수 없는 불안은 점점 심해졌다. 하숙집에 도착하여 물도 마셔보고 심호흡도 해보았으나 불안은 진정되지 않았다.

저녁 식사를 하고 하숙생들과 함께 레스터 스퀘어 거리에 있는 영화관에 갔다. '영화라도 보면 불안이 가실까?' 이런 기대가 내심 있었다. 그러나 영화가 나를 더 불안하게 만들었다. 피가 낭자하고 잔인한 장면이 많아서 볼 수가 없었다. 너무 불안했다. 처음 경험하는 일이었다. '이러다 정신이 이상해지는 것은 아닌가?' 걱정될 정도였다. 나는 속으로 나 자신에게 계속 질문을 던졌다. '이건 분명히 원인이 있다. 원인을 찾아보자. 이 불안이 어디서 시작된 것이냐?' 일종의 '자기분석 self analysis'이었다.

영화를 보고 하숙집에 돌아와 잠을 청했다. 도저히 올 것

같지 않았던 잠이 찾아와 주었다. 그러나 다음 날 눈을 뜨자 불안이 다시 엄습했다. 아침에 시내버스를 타고 교환교수로 근무하던 모즐리병원으로 출근했다. 불안해서 도서실로 바로 갔다. 도서실에 앉아있는데 문득 어제 샌들러 교수 집에서 있었던 일이 떠올랐다. 그때 떠올랐던 바로 그 생각이 나를 불안으로부터 구해주었다.

샌들러 교수와 있었던 일이었다. 나는 나에게 정신분석을 가르쳐주셨던 나의 지도 교수, 김성희 교수님 이야기를 자랑스럽게 하고 있었다. 그런데 샌들러 교수는 별로 흥미를 보이지 않았다. 갑자기 내 말을 끊고 "우리 공부나 합시다."라고 했다. 나는 무안했다. 그 순간 갑자기 죄라도 지은 것처럼 겁을 먹고 위축되었다. 위대한 학자의 시간을 빼앗고 지루한 이야기를 늘어놓은 죄인 같은 기분이 들었다. 그런데 바로 그 대목에서 나는 전날 내가 왜 그렇게 초조해졌는지 그 이유를 발견했다. 나는 거대한 샌들러 교수 앞에서 벌레처럼 작아졌던 것이다. 그러나 실상 내가 그렇게 작아질 이유는 전혀 없었다. 그리고 문득 내 마음속에서 이런 소리가 들렸다.

'샌들러 교수가 내게 뭐야? 내게 밥 먹여주는 사람도 아니고 내 아버지도 아니지 않은가? 내가 그 앞에서 기죽을 이유가 없잖아? 나는 수강료 내고 그에게 배우는 사람이고, 그는 돈 받고 나에게 한 시간을 내줄 뿐인데, 내가 왜 이렇게 기가 죽는 거야?' 그 순간에 신기하게도 불안이 거짓말처럼 사라졌다. 전날부터 20여 시간 동안 나를 괴롭혔던 그 불안이 안개가 걷히듯 사라졌다. 갑자기 찾아온 마음의 평화로움이 신기할 정도였다. 태풍이 지나간 다음 날 아침 같았다. '이렇게 편해지다니……!'

그날 12시 15분에 나의 정신분석이 있었다. 나의 분석가 베이커 박사는 내가 경험한 불안이 거세 공포증이었다고 해석해 주었다. 나는 모즐리병원 도서실에서 자기분석을 통해서 거세 공포증을 극복했다. 강한 아버지 앞에서 기죽었던 어린 내가 샌들러 교수를 거인 아버지로 착각하고 겁먹었던 것이다. 오이디푸스 콤플렉스가 풀리지 않았기 때문에 일어난 불안이었다. 거세 공포증이었다. 어이없게도 무의식에서 나는 4~5세의 소년이었다. 거인 아버지 앞에 주눅 든 '오이디푸스 소년 oedipal boy'이었다. 나는 정신분석의 치유 효과에 대해서 더욱 신뢰감을 갖게 되었다.

그때 런던에서 불안신경증을 경험하며 나는 내가 치료했던 환자들을 생각했다. 내가 그들의 불안을 제대로 이해해 주지 못했던 것이 너무 미안했다.

    그 후 나는 환자들의 불안에 더 잘 공감하게 되었다.

내 안의 분노 수위가
높으면

10년 뒤 샌디에이고에서 분석을 받을 때는 앞서 얘기한 20대 대학생 H와 같은 경험도 했다. 나는 '오이디푸스 시기의 아버지oedipal father'에 대한 두려움 때문에 화내기를 두려워하고 있었다. 나는 내 분노 폭발을 방어하기 위해서 상대방의 비위를 맞추며 살았다. 그것은 무의식 속 아버지에 대한 두려움 때문이었다. 개인 분석 시간에 이것을 발견하고 공격성 갈등에서 벗어났다. 이 이야기를 해보겠다.

나는 어려서부터 친구들과도 싸울 줄을 몰랐다. 병약한 나로서는 싸울 힘도 없었다. 힘세고 사나운 아이들이 두려웠다. 다행히 누나와 형이 우리 학교 교사였고 아버지가 우체국장이라는, 시골에서는 무시 못 할 집안 덕분에 힘센 애들에게 폭행당하거나 무시당하지 않았다. 그래도 나는 나약한 자신에 대한 불만이 컸다. 강한 애들 앞에서 작아지는 나 자신이 불만이었다. 태권도나 권투를 배워보고 싶었지만 가정 형편이 여의치 않았다. 나는 자신이 나약하고 비겁하다고 생각하며 살았다. 싸울 자리는 미리 피하고 부당하게 당해도 먼저 사과해 버렸다. 사람들은 나를 순하고 선량한 사람이라고 평했다. 그러나 나는 당당하게 맞서 싸우지 못하는 자신에게 불만이 컸다. 그런데 50대 중반에 미국에서 개인 분석personal analysis을 받으며 새로운 사실을 깨달았다. 나를 나약하고 비겁하게 만든 것은 강한 상대방이 아니었고 나 자신의 분노 때문이라는 것이었다. 이 사실을 확인한 날이 있었다.

어느 날 새벽, 나는 분석가의 집을 향해 차를 몰고 있었다. 신호등에 걸려 멈춰섰다. 샌디에이고는 비교적 길이 한산하다. 그런데 맞은편 도로에서 오토바이를 탄 젊은이가 아슬아슬하게 다른 승용차 앞으로 갑자기 끼어들었다가 곧 속력을 내어 달아나는 것이 보였다. 그때 내 마음속에 한 가지 판타지(무의식과 관련한 상상)가 떠올랐다. 승용차 운전자가 화가 나서 전속력으로 오토바이를 쫓아가서 뒤에서 받아버리는 상상이었다. 상상 속에서 오토바이 운전자는 피투성이가 되어 즉사했다. 끔찍한 상상이었다.

그날 분석 시간에 카우치에 누웠을 때 이 생각이 났다. 그리고 이어서 한 사람이 떠올랐다. 나와 함께 분석 연구소에서 공부하는 30대 심리학자 Q였다. 나는 그 친구가 마음에 들지 않았다. 그 친구만 보면 자존심이 상했다. 내 영어를 비웃는 것 같았다. 그는 아는 체도 많이 했고 거만하기도 했다. 차도 그 무렵에 BMW로 바꿨다.

그날 아침 신호 대기 중에, 나는 건방지게 오토바이를 타고 달아난 청년을 Q로 생각하고 있었다. 그리고 Q를 죽이는 상상을 한 것이었다. 의식 선상에서는 그렇게까지 미워할 이유가 전혀 없었다. 그러나 내 무의식은 Q를 죽이고 싶을 만큼 미워하고 있었다. 이 증오심은 Q 때문이 아니었다. 억압되어 쌓여있었던 내 분노 때문이었다. 평소에 참고 억압해 온 나의 분노가 상상 속에서 Q에게 터져 나왔던 것이다. 그러고 보니 나는 결코 순한 사람이 아니었다. 분노 폭발을 막느라고 순한 척했을 뿐이었다. 불필요한 분노가 내 안에 엄청나게 누적되어 있었다.

그러나 Q 박사 사건에는 또 다른 비밀이 숨어있었다. 전이감정이 숨어있었다. 전이란 분석가를 자기 마음속의 인물로 착각하는 것을 말한다. 나는 분석가를 어릴 때의 내 아버지로 착각하고 있었다. 흔히 분석 시간에 피분석자가 어떤 사람에 대한 분노를 털어놓으면 분석가들은 분석가에 대한 분노를 그 사람에 대한 분노로 바꿔서 표현하는 것은 아닌가 생각해 보도록 한다.

나의 분석가가 이렇게 말했다. "닥터 리, 내 생각을 말씀드려도 된다면, 혹시 당신은 어떤 이유로 나에게 화가 났는지도 모르겠습니다. 그러나 내게 화를 낸다는 것은 당신으로서는 힘든 일일 것입니다. 그래서 나에게 화가 났다고 말하는 대신에 Q 박사에게 화가 난다고 이야기를 하는 것은 아닌지 모르겠습니다."

나는 순간 깜짝 놀랐고 당황했다. 그리고 갑자기 많은 생각들이 몰려들었다. 그 생각들은 내가 분석가에게 몹시 화가 나 있다는 것을 알려주었다. 분석을 받으면서 나는 속으로 분석가와 경쟁을 하고 있었다. 그의 권위와 분석가라는 자리를 시기하고 있었다. '나도 한국에서는 교수인데 여기서는 당신 밑에 깔려있다. 당신은 내 위에 군림하고 있다. 나는 기분 나쁘다.' 그러나 실제로 내 분석가가 나를 지배하려 들거나 권위를 자랑한 적은 단 한 번도 없었다. 다만 내가 내 속에서 그를 경쟁 대상으로 만들어 놓고 있었다. 힘겨루기를 하고, 패배감을 느끼고, 억울하고, 화나고, 비굴해지고 등등……. 그러고 있었다.

또한 그는 내 속의 심판자이기도 했다. 그의 비난을 피하기 위해서 나는 피를 말리는 노력을 해야했다. 지각할까 두려워서 거의 매일 잠을 설쳤다. 분석 시간이 새벽이었기 때문이다. 새벽길을 달리며 나는 자주 시계를 보았다. 너무 일찍 도착한 날은 분석가의 집 밖에서 서성거리며 시간을 보냈다. 옆집

정원의 핑크빛 장미 송이를 세면서 기다리기도 했다. 너무 일찍 들어가서 분석가를 방해하지 않기 위해서였다.

대기실에서 기다리면서도 분석 시간에 할 말을 궁리하느라고 초조했다. 그냥 카우치에 누워서 떠오르는 것을 이야기하면 된다는 것을 알면서도 분석 시간에 할 말이 없어서 침묵이 흐를 것을 걱정했다. 분석가의 비난이 두려웠다. 또한 영어가 늘 나를 초조하게 했다. 그러나 분석가는 나의 영어가 전혀 문제 될 것이 없다고 여러 번 확인시켜 주었다. 그래도 나는 영어 때문에 긴장했다.

나는 이해심 깊은 분석가 앞에서 분석을 받는 심정이 아니었다. 심판자 앞에서 처벌을 두려워하는 죄수 같은 심정이었다. 그나마 나로서는 치료비를 주는 날이 가장 행복했다. 내가 주는 입장이고 분석가는 받는 입장이 되기 때문이었다. 입장이 바뀌는 순간이었다.

나는 경쟁자, 심판자 앞에서 패배감을 느끼고 초조해지는 이런 입장이 자존심 상했고 분통이 터졌다. '당신이 뭔데?' 하며 한 번 싸우고 싶었지만 그럴 명분이 없었다. 그러던 차에 Q 박사의 이야기가 나온 것이었다. 나는 실제로는 Q 박사가 아닌 내 분석가에게 화가 나 있었다. 그것도 죽이고 싶을 정도로 화가 나 있었다.

　나는 나 자신의 분노를 확인하고 놀랐다. 권위자인 분석가를 시기하고 질투하며 화가 났지만, 두려워서 억누르고 있었다. 내 무의식에서 나는 아버지를 시기하고 파괴하고 싶지만 두려워서 피하는 아들이었다. 오이디푸스 상황이었다.

　나는 유년기부터 오늘까지 이 상황을 계속 재현시키고 있었다. 분석실에서 그렇게도 긴장했던 이유가 여기에 있었다. 분석가 앞에서 나는 무력한 오이디푸스 소년이었다. 엄마를 빼앗고 싶은 마음을 들킬까 두려워 떠는 소년이었다. 힘센 아버지 앞에 서있는 무기력한 소년이었다. 그래서 윗사람이나 권위자들을 보면 늘 조심스러웠던 것이다. 내 안의 욕구를 충족시키려 들면 상대방이 화낼 것이라는 두려움이 나를 소극적이고 조심스럽게 만들었다.

　하지만 억압된 욕구는 사그라지지 않고 분노로 쌓이고 있었다. 그날 분석 시간에 이 사실을 이해하고 나서 마음이 아주 편해지는 느낌을 받았다. 바윗덩이 같은 큰 짐을 내려놓은 기분이었다. 마음이 새털처럼 가벼워지는 기분을 느꼈다. 그리고 한 가지 흥미로운 사건이 일어났다. 작은 사건이지만 '심리적 변화 psychic change'를 보여주는 사건이었다.

당시 나는 미국 은행에서 부당한 벌금 청구를 받고 있었다. 내 계좌는 수표를 발행해서는 안 되는 계좌인데 내가 수표를 발행했기 때문에 벌금을 내야 한다는 것이었다. 나는 억울했다. 계좌를 개설할 때 은행 측이 제대로 설명해 주지 않았던 것이다. 그러나 항의하고 싸우기를 포기했었다. 이유는 영어 때문이었다. 싸우고 따지기에는 나의 영어가 부족했다.

그러나 알고 보니 영어는 핑계에 불과했다. 싸우기를 포기한 진짜 이유는 나 자신의 분노 때문이었다. 혹시라도 싸움이 나면 나의 공격성이 폭탄처럼 터질까 봐 두려워서 피하고 있었다. 그런데 그날 분석실에서 이야기를 끝내고 나오면서 나는 그 길로 은행으로 갔다. 매니저와 한 시간 가까이 이야기했다. 그는 나의 설명을 이해했고 벌금을 취소해 주었다. 따질 수 없었던 내가 따질 수 있게 되었고, 돈을 지불하지 않게 되었다. 심리적 변화 덕분이었다. 나 자신의 분노에 대한 두려움이 사라졌기 때문에 가능한 일이었다. 은행 문을 나서면서 나는 40달러라는 돈을 지켰다는 기쁨보다 몇 백 배나 큰 기쁨을 맛보았다.

이후 나의 행동 패턴이 소극적 행동에서 적극적인 것으로 변했다. 복종적인 것으로부터 공격적 행동으로 변했다. 분석 시간에 Q에 대한 내 분노를 표현했지만 늘 그러리라 예상했던 것과 같은 비극적 보복 사태는 일어나지 않았다. 나는 무의식에서 내 분노의 수위를 잘못 측정하고 있다는 것을 깨달았던 것이다. 나는 안심했고 자연히 분노의 수위도 내려갔다.

내 안의 분노 수위가 높으면 상대방이 그만큼 두려워진다. 내 분노를 상대에게 투사하기 때문에 상대방이 두려워진다. 그래서 따질 일이 있어도 비굴해지고 회피하게 된다. 그렇게까지 두려워할 이유가 없었다. 나의 착각이었다. 내가 유년기부터 오늘까지 그렇게 나약하고 비굴했던 것은 내 안의 분노 수위가 폭탄만큼 그렇게 높았기 때문이었다. 이 사실을 분석 시간에 확인하고 나는 안심했다. 그리고 필요한 만큼 공격적일 수가 있었다.

인간을 움직이는 것은 무의식이다. 오이디푸스 콤플렉스는 아동기에 형성돼 평생을 지배하는 무의식이다. 부모가 자신을 거부하고 무관심하거나 차갑게 대할 때, 아이들은 그 상황을 감당할 힘이 없다. 괴롭고 힘든 기억을 아이들은 무의식의 저장고로 밀어넣는다. 그리고 평생 동안 부모로부터 혹은 다른 사람으로부터 인정과 애정과 따뜻함을 그리워하는 목마른 삶을 살게 된다. 그 삶은 본인에게는 혹독하고 주변 사람들은 괴롭다.

아동기의 자녀들에게 부모는 안전하고 따뜻한 곳이 되어주어야 한다. 부모가 나를 사랑하고 예뻐하고 좋아해 준다고 믿는 아이들은 오이디푸스 콤플렉스를 잘 해소할 수 있다.

5부

아이 성장을 방해하는 부모의 죄책감

죄책감에
시달리는 부모들

진료실을 찾는 젊은 엄마들 중에 죄책감을 호소하는 분들이 꽤 많다. 아이가 학교에서 뒤떨어지지 않도록 여기저기 학원을 보내고 숙제를 챙기다 보면 "아직 어린아이에게 내가 몹쓸 짓을 하는 건 아닌가?" 하고 미안한 마음이 든다고 했다. 한편으론 아이가 제대로 못 쫓아올 때마다 속상한 마음이 들면서 "이 정도도 못하나?" 싶어 아이가 미워진다고 했다. 그리고 "이렇게 아이를 미워하는 내가 부족한 엄마가 아닌가?" 하는 죄책감이 든다고 했다. 이 죄책감의 근원을 살펴보면 '미움이 없는, 자애로운, 이상적인 엄마가 되어야 한다.'는 압박감이 있다.

엄마들이 생각할 때 이상적인 엄마는 아이에게 공부도 잘 시켜야 하고 아이의 감정도 잘 받아주어야 한다. 그런데 두 가지를 병행하는 게 쉽지가 않다. 아이가 잘 따라주어야 엄마는 비난을 피할 수 있다. 놀고 싶어하고 규율을 따르지 않는 아이는 엄마를 부끄럽게 한다. 엄마 마음을 몰라주는 아이가 미워진다.

하지만 '완벽한 엄마'는 아이를 미워하면 안 될 것 같다. 따라서 아이에게 미움을 느끼는 엄마는 스스로 '나는 나쁜 엄마'라며 죄책감을 느낀다. 지나친 수치심이나 죄책감을 느끼는 엄마는 아이에게 더 엄격하고 가혹해진다. 악순환이다.

이상하게 들릴 수 있지만, 아이를 잘 돌보기 위해서는 엄마가 아이를 미워할 수도 있다. '미움'이란 감정을 허용하고 인정하는 것이 오히려 필요하다. 왜냐하면 엄마는 완벽한 존재가 아니기 때문이다. 엄마도 감정을 느끼는 존재이기 때문에 화내고 짜증내고 미워할 수 있다. 미움의 감정 그 자체는 매우 자연스러운 것임을 인정하되, 그 감정을 아이에게 경솔하게 표현하는 것은 피해야 한다.

죄책감은 두 가지가 있다. 건강하고 성숙한 죄책감과 비현실적이고 가혹한 죄책감이다. 마음속에 현실적이고 합리적인 내적 기준이 있는 사람은 자신의 잘못에 대해서 죄책감과 부끄러움을 느끼지만, 자신의 인격 전체가 잘못되었다는 극단적인 죄책 상태에 빠지지 않는다. 현실적인 잘못을 인정하고, 그 잘못을 개선하려고 노력하고, 잘못한 행위의 결과를 책임진다.

반면에, 가혹한 죄책감을 느끼는 사람은 작은 실수에도 천벌을 받을 것 같아 두렵다. 또 자신의 책임이 아닌 것까지도 자신의 것으로 느끼고 괴로워하며, 자신의 인격 전체가 용서받을 수 없는 존재라고 느끼기도 한다.

죄책감은 부모와 아이 모두의 심리적 안정을 크게 위협한다. 죄책감 없이 아이를 학대하는 부모는 당연히 가장 위험한 환경이다. 하지만, 쉽게 죄책감에 빠지는 부모 역시 아이에게 위험할 수 있다. 이들의 마음속에서는 이런 내면의 비난이 쉴 새 없이 들린다. "나는 나쁜 엄마야!" "내가 아이를 모두 망쳤어!" 마음은 곧 불안에 휩싸이고, 우울해지며, 자기 의심과 무가치감, 수치감에 압도된다.

죄책감에 사로잡히는 부모들은 다양한 이유로 자신이 '나쁜 부모'라고 믿는다. 그 믿음과 죄책감은 성격 깊이 자리잡고 있기 때문에 쉽게 떨쳐버릴 수 없다. 다만, 부모가 자신의 죄책감 아래 있는 심리적 뿌리를 이해할 때 비로소 지나치게 가혹한 죄책감, 비합리적인 죄책감을 극복할 기회가 생긴다.

어떤 부모도 완벽하지 않다. 그 때문에 피할 수 없는 실수와 잘못이 일어난다. 자녀를 향한 괴로운 죄책감을 느끼고 있다면 자신의 죄책감이 현실적이고 합리적인 수준인지, 지나치게 과도한 죄책감인지 구분해 보자.

"아이에게 화를 낼까 봐
무서워요"

P는 5살 여자아이를 키우고 있다. 그녀에게는 남들에게 말할 수 없는 비밀이 있다. 어린 시절 P가 겪은 학대의 경험이다. 교사였던 P의 아빠는 자존심이 상하면 감정 조절이 되지 않았다. 욕설과 폭언은 일상이었고, 술에 취하면 잔인하게 엄마와 어린 P를 때리고 밤새워 괴롭혔다. P는 학교를 졸업하자마자 집을 떠났고, 몇 년 전 자상한 남편을 만나 안정적인 가정을 이루었다.

P는 순한 사람이다. 사람들은 P와 있으면 편하다고 한다. 그녀는 배려심이 많고, 누구에게도 화를 내지 않는다. 그녀가 가장 싫어하는 것은 누군가에게 상처를 주는 것이다. 하지만, 아이를 기르면서 자꾸만 자신이 나쁜 부모같이 느껴진다. 3살 무렵부터 아이는 짜증을 많이 내고, 분노 발작을 반복적으로 일으키고 있다. P는 화를 내는 아이를 어떻게 다루어야 할 지 몰라 당황스럽다. 아이의 분노 앞에서 무력한 자신이 한없이 부끄럽고, 아이를 잘못 기르고 있는 것 같아 죄책감이 심하다. 또 자신도 모르게 아이에게 화를 낼까 봐, 아이에게 상처 줄까 봐 늘 불안하다.

P의 죄책감은 사실 아이를 미워하고 있다는 것 때문이었다. 고집스럽게 말을 듣지 않고 사람들 앞에서 소란을 피우

는 아이에게 너무나 화가 났다. 때로는 아이를 잔인하게 때리는 상상이 떠올랐다. '내가 이렇게 아이를 미워하다니! 난 정말 나쁜 엄마야!' P는 자책하고 또 자책했다. 그래야 아이를 때리지 않을 것 같았다. 하지만, 죄책감만큼 아이에 대한 미움도 자꾸만 커져갔다.

정신분석적 치료를 통해 P는 마음속에 있는 죄책감의 근원을 이해하게 되었다. 그것은 자신과 엄마를 죽일 듯이 학대했던 아빠에 대한 분노감에서 온 것이었다. 어린 P에게 아빠는 공포의 대상이기도 했지만, 분노와 증오의 대상이기도 했다. 하지만 만일 아빠가 어린 P의 분노를 알게 되면, 더 큰 보복을 당하게 될 것이다. 어린 P에게 '화'는 생존을 위협하는 위험한 괴물과 같았다. 살아남기 위해서 그녀가 선택한 해결책은 마음속에서 화를 없애는 것이었다. 화를 없애기 위해서, 아빠처럼 '공격적인' 사람이 되지 않기 위해서 자신을 가혹하게 책망하고 비난해야 했다.

겉에서 보면 한없이 순한 사람이었지만, P는 늘 화를 감시하고 화가 일어날 때마다 자기 비난을 통해 스스로를 우울하고 무력하게 만들어 왔다. 다른 관계에서는 익숙하게 화를 숨길 수 있었다. 그렇지만 하루 종일 함께 시간을 보내는 딸아이의 짜증과 고집은 감당하기 어려웠다.

    치료 과정에서 P는 화라는 감정에 대한 태도를 바꾸었다. 그동안은 화가 위험한 폭탄과 같아서 빨리 제거하려고만 했다. 하지만 화는 내 마음에 어떤 고통이 일어났다는 중요한 신호라는 것을 이해했다. 이제 화가 났을 때 잠시 그 화에 머무르는 것을 시도했다. '왜 화가 나지?' 스스로에게 질문도 던졌다. 자신의 화를 중요한 정보로서 존중하기 시작했다. 흥미롭게도 자신의 화를 존중하고 이해하게 되면서, 오히려 딸아이에게 필요한 훈육을 적절하게 하고 단호한 목소리를 낼 수 있게 되었다. "친구를 때리는 것은 절대 안 돼!" "이렇게 고집부리면 만화를 볼 수 없어!" 엄마의 단호함을 본 아이는 잠시 투정을 부렸지만, 곧 엄마를 따르고 오히려 엄마를 친밀하게 느끼게 되었다.

    엄마도 화가 날 수 있다. 화는 자연스런 감정이다. 물론 감정에 따라 무절제하게 행동해서는 안 된다. 하지만 화 자체는 내 마음에 무슨 고통이 일어났는지, 나와 상대방 사이에 어떤 일이 일어나고 있는지를 알게 하는 너무나 중요한 정보다. 죄책감으로 화를 없애려 하기보다 내면에서 일어나는 화에 귀를 기울여 보자.

엄마처럼 되지 않겠다고
다짐했지만……

초등학생 아들을 키우고 있는 O는 아직 친정 엄마와 심리적으로 분리가 되지 않았다. 친정 엄마는 자수성가하셨고, 똑똑하고 꼼꼼하다. O는 늘 완벽주의자인 엄마의 시선을 의식한다. O는 엄마의 기준에 도달하려고 무척 노력하지만, 엄마는 늘 "아직도 부족해!"라고 말한다.

중요한 결정을 내릴 때 O는 엄마에게 묻는다. 엄마의 결정이 내 결정이다. O는 스스로 평가할 수 없다. 오직 친정 엄마가 권위자로서 O를 평가한다. "거기에 돈 투자하면 안 돼." "애를 그렇게 키우면 버릇 나빠져." "이런 음식이 몸에 좋으니 더 챙겨 먹어." 친정 엄마의 입장에서는 관심을 주는 것이지만, O에게는 간섭과 통제로 느껴진다. 때때로 그녀는 자신이 엄마의 손가락 줄에 달린 인형이 된 것처럼 느껴진다.

O는 늘 죄책감에 시달린다. 친정 엄마처럼 자신도 어느새 아이를 통제하고 간섭하고 있기 때문이다. '엄마처럼 되지 말아야지.'라고 다짐하지만, 아이가 다른 사람들 앞에서 예의 없게 굴까 봐, 지나치게 감정적으로 행동할까 봐 자꾸만 혼내고 참견하게 된다. 아이도 자기처럼 남의 시선에 주눅든 것처럼 보이면 마음이 너무나 슬프고 괴롭다.

O의 문제는 어디에서 왔을까?

O와 친정 엄마의 지나친 밀착 관계 때문이었다. 친정 엄마는 불안이 많은 분이었다. 딸이 잘못될까 봐 늘 신경쓰고 있었다. O가 성장하자 이제는 손주에게 집착한다. 아이를 따라다니며 음식을 먹이고, 선행 학습을 해야한다며 학원을 알아보고 다닌다.

불안한 부모는 자녀의 감정을 무시하고 자율성을 침범한다. 자율성이 자라지 못한 자녀는 스스로 판단하기 어렵기 때문에 불안이 많은 강박적인 성향이 커진다. 즉, 완벽주의 성향이 생긴다. 건강한 부모 자녀 관계는 서로 다른 의견도 허용되는 관계다. 불안함에 서둘러 자녀를 통제해 버리면, 자율성과 개별성이 자라지 못한다.

O는 치료 과정에서 자신의 죄책감을 이해할 수 있었다. 그리고 엄마의 양육 방식을 반복하지 않기 위해서 아이를 대할 때 서두르지 않기로 했다. 아이가 자신의 생각과 판단에 이를 수 있도록 기다려 주었다. 또 엄마의 시선을 의식하는 대신 아이에게 좀 더 집중하기도 했다.

친정 엄마와의 관계도 다시 조정하기 시작했다. 지나친 밀착 관계에서 서로의 삶이 존중되는 건강한 거리를 만들어야 했다. 이것은 무척 어려웠고 시간이 걸리는 과정이었다. 어려운 문제가 생길 때, 엄마에게 판단을 맡기는 대신 스스로 고민해야 했다. 책임져야 할 일도 많아졌다. 엄마와 함께 하는 시간도 줄여갔다. "엄마, 이번 주말엔 우리 집에 오시지 마세요. 저희 식구들만 시간을 보내고 싶어요."라는 말을 하기까지 오랜 시간이 걸렸다. 친정 엄마는 이런 O의 변화에 당황했다. 한몸같이 지내던 딸이 자신을 밀어내고 멀리하니 서운하고 우울해지기까지 했다. 어느 날에는 "어떻게 엄마를 이렇게 무시할 수가 있느냐?"며 화를 내고, O를 비난했다.

우울해진 엄마를 보고 O는 마음이 흔들렸다. '내가 나쁜 딸이 아닐까?' 하지만 O는 용기를 내서 엄마에게 자기만의 공간이 필요하다고 설명하고 서로의 삶에서 새로운 균형점을 찾아보자고 이야기했다. 이것은 한몸으로 살아가던 밀착에서 건강한 성인과 성인의 관계로 나아가는 길이었다.

네 살 이전의 아이는 엄마의 의도를 구분하기 힘들다. 아이를 위해서 하는 행동인지, 엄마 자신의 감정 때문에 하는 행동인지 구분하기 힘들다. 예를 들어, 초콜릿을 너무 많이 먹는 아이에게 엄마가 "그만 먹어."라고 하면, 아이는 슬프고 화가 난다. 어린아이는 엄마의 의도가 자신을 슬프고 화나게 하려는 것이라고 믿는다.

하지만 아이는 성장할수록 자신에게 '마음'이라는 것이 있고, 엄마에게도 '마음'이 있다는 것을 알게 된다. 자신의 '마음'과 엄마의 '마음'이 다를 수 있다는 것도 알게 된다. 서로의 마음이 분리되어 있다는 것을 알게 되면, 상대방의 의도도 보다 현실적으로 파악할 수 있다. '엄마가 초콜릿을 먹지 말라고 해서 내 마음은 슬프고 화가 난다. 하지만 엄마는 다른 것을 더 중요하게 생각한다. 그건 내 건강이다.' 이런 과정을 거치면서 아이에게는 자신만의 세계가 생기고, 엄마로부터 심리적으로 개별화되어 간다.

하지만 어떤 엄마는 자신의 관점만을 강요하고, 다른 의견을 인정하지 않는다. 아이에게는 엄마가 생각하는 세상만 있고 자신의 생각, 마음, 취향은 없는 것같이 느낀다. 이런 엄마들은 자녀와의 분리를 견디지 못한다. 그 때문에 자녀의 삶을 하나하나 간섭하고 통제하려 든다.

"너는 생각이 없으니, 내 말이 맞아." "엄마가 생각하는 것이 정답이야. 너는 더 고민할 필요 없어." 안타깝게도 현재 대한민국의 부모 자녀 사이에서는 부모가 많은 것을 고민하고, 결정 내리고 있다. 경쟁자들보다 더 빨리, 더 완벽하게 성공하기 위해서다. 자녀가 어린이집에 다닐 때는 물론이고 심지어 대학생이 되어도 부모가 모든 것을 결정하는 경우도 있다.

모두가 부러워하는 대학에 들어가고 뛰어난 실력을 길러 전문가가 되더라도 여전히 심리적으로 부모와 분리되지 못한 경우를 종종 보게 된다. 이런 분들은 공통적으로 다음과 같이 말하곤 한다.

"사는 게 재미가 없어요."

"내 삶의 목표는 안정적으로 사는 거예요."

"사람들과 어울려 지내는 것이 너무 불편해요."

"행복하지 않아요. 어떻게 해야 행복해질 수 있죠?"

성공하고 성취했지만 무료하고 의미 없는 삶을 사는 이유는 행복한 삶, 충만한 삶의 전제 조건이 준비되지 못했기 때문이다. 그 전제 조건은 바로 부모로부터 심리적으로 건강하게 분리되는 '개별화' 과제이다. 행복해지기 위해서는 먼저 독립된 '개인'이 되어야 한다.

너무 일찍
'작은 어른'이 되면

T는 중학생 딸을 둔 워킹맘이다. 학구열이 높은 지역에서 자란 그녀는 명문대를 졸업하고 대기업 과장으로 일하고 있다. 대인 관계도 원만하고 부러울 것 없는 삶이지만, 아무도 모르는 괴로움이 있다. 누구와도 마음 깊이 친밀하기가 어렵다는 것이다. T는 누군가가 다가오면 겁부터 난다. 그러면 은연중에 거리를 만들고 숨어버린다. 외롭지만 누군가와 가까워지는 것은 더 불편하다. 친구와도, 동료와도, 심지어 남편과 딸마저도……. 특히 딸에게는 늘 미안하다. 겉으로는 상냥한 엄마지만, 아이와 함께 있는 순간이 불편하고 부담스럽다.

T는 스스로의 가치를 판단하지 못한다. 자신의 가치는 부모의 인정에서, 타인들의 인정에서 온다. 다른 사람들은 T의 외모, 재산, 학력 등 눈으로 볼 수 있는 것들을 가지고 T를 판단한다.

"애가 반장이 되었다며? 대단한데?"

"이번에 집 값이 많이 올랐겠다!"

"살 빠졌네!"

"그 가방 명품 브랜드 아니야?"

이런 칭찬을 들으면 자존감이 확장되고, 자신이 최고가 된 것처럼 느껴진다. 하지만 만일 누군가가 차가운 태도로 자기를 무시하거나 비난하면 순식간에 수치스럽고, 무가치감과 자기혐오에 빠진다.

'아휴 한심해. 나는 왜 잘하는 게 하나도 없지?'

'이렇게 못생겨서 누가 날 좋아하겠어.'

'우리 애가 친구가 없는 건 다 내 잘못이야.'

이렇게 자책하다 자신이 너무 싫을 때는 몸을 꼬집거나 머리를 세게 치는 '자해'를 하기도 한다. 자신의 가치를 타인에게 맡기고 살아가는 T. 그녀의 자존감은 롤러코스터처럼 불안정하다.

T의 아버지는 목회자였고, 어머니는 헌신적인 동역자였다. 청렴하고 올곧은 아버지를 교회 신도들과 지역사회 주민들은 존경하고 신뢰했다. T는 목회로 바쁜 부모님에게 한 번도 짐이 되지 않았고, 어려서부터 부모님의 자랑이자 칭찬의 대상이었다.

"어쩌면 이렇게 착하니."

"T는 어린데도 혼자 알아서 공부도 하고 동생까지 잘 돌보는구나."

"학원도 가지 않는데 어쩌면 이렇게 공부를 잘 하니."

"다른 사람들 마음을 이렇게 잘 배려해 주네. 참 어른스럽구나."

완벽한 부모 아래 완벽한 아이가 바로 T였다. 사람들의 칭찬과 인정은 기뻤다. 하지만, 곧 그녀에게 구속과 속박이 되었다. 그녀는 편안하게 자신의 감정과 생각을 표현하지 못하고, 그들이 기대하고 원하는 모습이 되기 위해 노력했다. 화가 나도 억누르고, 갖고 싶은 물건이 있어도 나누어 주고, 슬퍼도 웃어 보였다. 이런 노력 덕분에 높은 성취를 했고 모두의 인정도 받았지만, 마음은 행복하지 않았다.

한편 그녀의 남동생은 어려서부터 문제아였다. 자기 멋대로 행동하는 남동생을 부모님은 부끄러워했고 "누나의 반만이라도 따라가라."며 훈계했다. 하지만 T는 자기감정에 충실한 동생이 늘 부러웠다.

정신분석적 치료를 통해 T는 그동안 진짜 모습을 숨기며 살게 된 이유를 알게 되었다. 마음 안에 있는 한 가지 '법' 때문이었다. '상대방의 감정은 나의 책임이며, 상대방의 기대가 어떤 것이든 그것을 완벽하게 만족시켜야 한다.' 상대방의 기대를 충족시켜야 사랑받을 만하고, 가치 있는 사람이 된다는 법이었다. 누군가와의 관계에서 문제가 생겼다면, 그것은 자신의 잘못이었다. 만일 아버지의 자존감이 낮아진다면 그것은 T의 잘못이다. 목회자인 아버지가 자존감을 느끼게 하고 행복감을 느끼게 하기 위해서 T는 아버지의 트로피가 되어주어야 했다. 지쳐있는 부모에게 짐이 되지 않기 위해서 자신의 진짜 모습을 숨겨야 했다. 특히 의존하고 싶은 욕구를 억누르고, T는 너무 일찍 어른이 되어야 했다.

T의 죄책감 아래에는 어린 시절의 결핍deficit이 만든 가혹한 마음의 '법'이 자리 잡고 있다. 부모는 T의 감정에 귀를 기울여 주지 못했다. T가 어떤 괴로움을 느끼고 있을 때, 그것을 함께 의논하고 그 감정을 함께 조절해 주지 못했다. 부모는 T의 감정을 읽어주는 대신, T가 자신들의 높은 기대와 요구를 해결해 주길 바랐다. 이것이 T의 결핍이었다. 그 결과 자녀인 T가 부모의 감정에 집중하고 돌보는 노력을 해야했다. 이 책의 다른 장에서 언급한 역전된 애착 관계 reverse attachment이다.

T가 부모를 돌보기 위해서 필요했던 것은 타인이 원하는 모습이 되기 위해서 진짜 자기 즉, 자신의 감정을 억누르고 숨기는 기술이었다. 나의 감정과 욕구는 상대를 불편하게 할 수 있는 위험한 것이기 때문이다. 정신분석가 위니캇은 이러한 현상을 '거짓 자기 false self'의 발달이라고 말했다.

거짓 자기가 지나치게 발달하게 되면 자신의 진짜 자기와의 연결은 어렵게 되고, 삶은 껍데기처럼 공허하고 무의미하며 외롭게 느껴진다. 위니캇은 아기가 건강하게 성장하기 위해서 다음과 같은 엄마가 필요하다고 했다.

'아기가 수영장에서 유영을 한다. 엄마는 아기의 바로 뒤에 서서 아이의 유영을 침범하지 않고 지켜본다. 무관심하게 내버려두는 것은 절대 아니다. 아이가 물에 빠지려고 하면 즉시 개입해서 안전하게 지켜준다. 그러고는 다시 아이를 놓아주고 아이가 안심하고 수영을 즐기도록 허용한다. 아이는 엄마와 분리되어 있지만, 동시에 분리되어 있지 않은 상태를 경험한다. 즉, 친밀한 관계 속에 있지만 동시에 자율성이 허용되는 관계를 경험한다.'

이러한 엄마의 모습이 마음에 저장되면, 엄마가 없을 때에도 아이는 자신을 믿어주는 엄마의 이미지와 안전한 관계를 떠올릴 수 있다. 그렇게 될 때 혼자 있는 것이 두렵지 않다. 혼자 있어도 괴로운 감정과 문제를 스스로 이겨낼 수 있고, 그마저도 안 될 때에는 엄마가 나타나 도와줄 것을 알기 때문이다. 이것이 '혼자 있을 수 있는 능력 capacity to be alone'이다.

혼자 있을 수 있는 능력이 있을 때, 친밀한 관계도 가능하다. 혼자 있기 힘든 사람은 버림받지 않기 위해서 상대를 위해

모든 것을 희생하고 매달린다. 상대가 침범하거나 학대해도 거절을 할 수가 없다. 즉, 늘 남의 눈치를 살피는 '을'의 삶을 산다. 안타깝지만, 상하관계, 주종 관계, 비대칭적인 관계에서는 친밀함이 자라날 수 없다.

정신분석적 치료의 과정은 T의 결핍을 채워가는 과정이었다. 나는 그녀와 함께 그녀의 다양한 감정에 귀를 기울였다. 우리는 함께 감정을 조절하는 노력을 했다. 그 감정이 어떤 것이라도 상관없었다. 그 감정의 내용과 크기를 제한하지 않고 함께 이야기를 나누었다.

나는 T가 스스로 자유롭게 자신의 내면을 탐색할 수 있도록 성급하게 침범하지 않았다. 치료가 몇 개월 진행되던 어느 날, T는 이런 죄책감을 호소했다.

"선생님, 저의 치료가 너무 느리게 진행되는 것 아닌가요? 시간도 많이 흘렀고 비용도 많이 들였는데, 저는 다시 반복되는 얘기를 하고 있네요. 선생님이 지루해 하시면 어쩌나 걱정이에요."

나는 T를 안심시켜 주었다.

"빨리 나아져야 한다는 부담이 크시군요. 하지만 반복되는 주제는 그것이 T에게 중요하기 때문일 거예요. 중요하고 복잡한 문제를 이해하기 위해서 T와 나에게 시간이 더 필요하지 않을까요?"

이러한 관계의 경험은 T에게 새로운 것이었다. 친밀한 관계를 경험하면서도 침범 받지 않고, 상대의 욕구를 만족시키지 않아도 버림받지 않는 관계였다. 이런 경험은 딸과의 관계에도 이어졌다. T는 딸의 욕구를 해결해 주어야 한다는 부담을 내려놓고 딸의 감정에 귀를 기울일 수 있었다. T와 딸 모두 편안하고 친밀한 감정을 느낄 수 있었다.

이혼이 너무 이기적 결정이었을까?

앞에서 말한 세 사람의 엄마가 느끼는 죄책감은 눈에 보이는 잘못에 대한 것이 아니다. 이들의 죄책감은 마음속 갈등과 지나친 자기 비난에서 생겨났다. 한편, 아이들에게 필요한 환경을 충분히 제공하지 못한 것에 대해 생기는 현실적인 죄책감도 있다.

W는 몇 개월 전 이혼을 했다. 결혼 15년 만의 일이었다. 남편과의 오랜 갈등을 견디기 어려웠고, 매일 싸우는 모습을 보일 바에는 이혼하는 편이 아이들에게도 나을 것 같았다. 두 딸의 양육권은 W가 갖게 됐다.

이혼 후 살던 지역을 떠나 친정 근처로 집을 옮겼다. W는 일을 시작했고 아이들은 학교를 옮겨야 했다. 전 남편은 성격이 완고하고 일방적이었다. 이혼 후에도 W의 상황을 배려하지 않고 아이들과의 만남을 수시로 요구했다. 새로운 환경, 갑작스런 변화에 힘들어하던 중학생 큰딸은 "왜 엄마 아빠는 우리들을 이렇게 힘들게 만드느냐."고 화를 내며 눈물을 보였다. 아이와의 갈등이 계속되면서 W는 죄책감에 우울해졌다.

'이혼을 결심한 내 선택이 너무 이기적이었나? 내가 아이들에게 너무 큰 상처를 준 것은 아닐까?'

W의 죄책감은 자연스러운 감정이다. 그렇다고 언제까지

나 죄책감에 머물러 있을 수는 없는 일이다. 이제는 죄책감에 빠져있기보다는 아이들을 위해 현실적인 대안을 찾아가는 노력이 필요하다. 아이들에게 보다 나은 환경을 제공해 줄 수 있을 때 죄책감도 줄어들 것이다.

W는 이혼이 아이들에게 미칠 영향을 주의 깊게 생각하지 않았고, 미리 대비하지 못했다. 부모가 이혼을 하게 되면 아이들은 예상치 못한 순간에 많은 것을 잃게 된다. 부모를 원할 때 만나지 못하게 되고, 이사를 해야 하고, 학교를 옮기고, 친구들과 헤어지게 되고, 부모가 다른 사람과 만나는 모습을 볼 수도 있다. 이러한 상실을 겪기 전에 아이의 나이에 맞게 상황을 잘 설명해서 아이들도 상황을 예측할 수 있도록 도와주어야 한다. 그렇지 않으면 아이들은 커다란 혼란에 빠진다.

부모의 이혼이 순조롭게 진행되었다 하더라도 아이들이 겪는 어려움은 크다. 여러 연구에 따르면, 부모의 이혼 후에 아이들은 학업 수행 능력 저하, 자존감 저하, 불안과 우울 같은 심리적 문제를 겪는다. 청소년기의 자녀들은 상대적으로 충격을 덜 받고 새로운 변화에 적응을 하는 반면, 어릴수록 심리적 충격은 크다. 특히 이혼 과정을 지켜본 아이들은 '친밀한 관계도 일시적이며 지속되지 않는구나.'라는 믿음을 갖게 될 수 있다.

이런 믿음이 확고해지면 앞으로 누군가와 친밀한 애착을 갖는 것을 꺼리고, 버림받는 것에 대한 두려움을 갖게 될 수 있다. 그리고 누군가에게 스스로가 짐이 될까 봐 두려워하는 마음을 갖게 된다. 또한 어릴수록 부모를 만나지 못하는 시간을 '영원'처럼 길게 느낄 수 있다.

이혼한 부모 역시 홀로 아이를 돌봐야 하고 경제적인 책임도 져야 한다. 많은 책임을 혼자 짊어져야 하기 때문에 힘에 겨운 나머지 아이에게 스스로 문제를 해결하도록 요구한다. 아이는 '작은 어른'이 되어야 한다. 아이는 이런 변화에 어떻게 대처해야 하는지 구체적인 방법을 모르기 때문에 당황스럽다.

이혼을 돌이킬 수는 없다 하더라도 아이들이 잘 적응하도록 하기 위해, 부모는 서로 긴밀히 소통하고 의견을 조정해 나가야 한다. 원활한 소통이 어려울 때는 중간에서 치료자가 소통을 돕는 '가족 치료'가 도움이 된다. 가족 치료는 비록 상대방에게 분노와 앙금이 남아있더라도, 아이의 부모로서 상대방의 장점과 긍정적인 면들을 인정하도록 도와준다.

부모가 계속 적대적인 관계를 유지하면, 아이들은 부모 중 한 사람 편에 서야 하는 곤란한 입장에 처한다. 아이들은 이혼한 부모가 비교적 상대방을 존중하고 긍정적으로 대하는 모습을 보면, 부모에 대한 실망감이 줄어들고 심리적으로 안정을 찾게 된다. 따라서 아이들 앞에서는 서로 존중하는 태도를 보여야 한다.

이혼 후에도 두 사람은 부모로서 열린 소통을 이어나가야 한다. 아이를 중간에 두고 메시지를 전달하는 방식은 아이에게 상처와 불안을 준다. 중요한 문제를 언제든지 이야기할 수 있어야 하고, 열린 소통을 통해 양육 방식도 서로 일관되게 맞추어야 한다. 만약 부모가 각기 다른 규칙을 요구하면, 아이는 혼란스럽고 적응하기 힘들다. 예를 들어, 아빠는 늦은 시간까지 휴대전화를 쓰게 해주는데 엄마는 밤 9시 이후에 사용을 금지한다고 하자. 이런 상황에서 아이들은 자신의 욕구가 무조건적으로 이해 받고 지지 받을 거라는 기대(무조건적 사랑)를 갖기보다 내가 무엇인가를 얻기 위해서는 상대방의 조건에 따라 미리 '계획'해야만 한다는 것(조건적 사랑)을 배운다.

아이들이 성장해 가면서 민감한 문제들이 생겨난다. 이때 부모들은 문제를 오픈해서 충분히 의논할 필요가 있다. 또 이혼 가정에서 자란 자녀가 누군가와의 애착 문제로 힘들어할 때도 가족 치료가 도움이 된다. 부모 이혼 후 아이가 가족 내에서 어떤 역할을 해내고 있는지를 밝히고, 그런 역할을 가족 밖의 다른 관계에서 비슷한 패턴으로 반복하고 있지 않은지 살펴볼 수 있다.

예를 들어, 어떤 아이는 부모의 짐이 되지 않기 위해서 감정을 숨기고 희생하는 역할을 할 수 있다. 어떤 아이는 자기 삶에서 다시는 상실을 경험하지 않으려고 어느 누구와도 애착을 갖지 않으려 할 수 있다. 또 어떤 아이는 자기 보호를 위해서 모든 상황을 완벽하게 통제하려 하고, 부모의 통제에 반항하고 거부한다. 이러한 패턴을 다른 인간관계에서 반복할 때 적극적인 개입이 필요하다.

아이는 언제
사랑받는다고 느낄까?

아이의 자존감에 가장 중요한 환경은 부모다. 부모가 아이에게 무조건적인 사랑을 아낌없이 듬뿍 줄 때, 아이는 자존감 있는 사람으로 성장하게 된다.

그렇다면 아이는 어떨 때 자신이 사랑받는다고 느낄까? 아이는 자신의 여러 가지 욕구와 감정, 복잡한 느낌을 부모가 기꺼이 들어주고, 견뎌주고, 이해해 줄 때 사랑받는다고 느낀다. 배고플 때 먹여주고 추울 때 옷 입혀주고 무서워할 때 안아주고 불안해할 때 다독여 주는 부모가 좋은 부모다. 그러면 아이는 부모가 자기를 사랑해 준다고 느끼고, 다른 사람들도 부모처럼 자기를 좋아해 줄 거라고 기대한다. 이것이 자존감의 근원이다.

아이의 긍정적인 감정을 받아주는 것은 비교적 쉽다. 아이가 기분 좋고 신나면 부모도 덩달아 기분이 좋아진다. 그러나 아이가 부정적인 감정을 표출할 때 그것을 견뎌주고 이해해 주는 것은 부모로서 불편하고 힘들다. 그래서 가능한 한 빨리 아이의 부정적 감정을 없애려 하고 때로 부정하기도 한다.

"이만한 일로 울고 그래. 뚝 그쳐!"
"사내 대장부가 그딴 걸 무서워하니?"
"동생을 미워하면 나쁜 아이야!"

이렇게 자신의 감정을 공감 받지 못한 아이는 자신이 뭔가 잘못된 존재라고 느낀다. 그래서 감정 자체를 거부하거나 차단하기도 한다.

그런데 감정은 나에 대한 굉장히 많은 정보를 담고 있다. 내가 어떤 감정을 경험하는지 정확하게 이해하면, 내가 어떤 사람인지도 더 구체적으로 그릴 수 있게 된다. 내가 어떤 사람인지를 아는 것, 즉 자신이 누구이고 인생을 통해 무엇을 이루고 싶은지를 아는 것을 '정체성identify'이라고 한다.

내가 가진 감정과 욕구가 분명해지면 다른 사람과 나의 차이도 분명해진다. 이와 함께 나는 독특한 사람이라는 '개별성individuality'도 생기고, 나만의 욕구를 추구하고 싶다는 '자율성'도 발달하게 된다. 이것이 심리적 독립 과정이다. 아이를 독립된 인간으로 키우고 싶다면 아이의 감정을 공감해 주는 육아가 필요한 이유다.

부모 자신의 자존감이 안정되어 있을 때, 부모는 자녀의 감정과 욕구에 민감할 수 있고 합리적인 태도를 유지할 수 있다. 자존감이 안정된 부모는 자신의 역할을 자랑스러워하고, 그 역할을 비교적 잘하고 있다고 느낀다. 이런 마음 상태에 있을 때, 아이의 감정을 불편해 하지 않고 집중해서 들어줄 수 있다.

반면에 자존감이 불안정한 부모는 자신의 감정에 몰두된다. 불안, 억울함, 죄책감, 분노에 몰두된 부모는 아이에게 무슨 일이 일어나고 있는지를 자세히 볼 수가 없다. 자존감이 크게 낮아진 부모는 자신이 느끼는 굴욕감과 수치감을 없애기 위해 자신도 모르게 아이에게 순종을 강요하거나, 비교나 비난을 통해 아이를 조종하려 하고 눈에 띄는 즉각적인 성과를 아이에게 요구하게 된다.

이것이 바로 죄책감이 아이에게 학대만큼이나 나쁜 이유다. 앞서 말했듯이 죄책감은 지나치고 비현실적인 경우도 있고, 현실적인 이유가 분명한 경우도 있다. 죄책감이 심한 부모는 아이에게 지나치게 허용적이 되거나, 반대로 죄책감을 느끼게 하는 아이의 상황을 회피하고 무관심해진다.

지나친 죄책감에 사로잡힌다면 나의 내면을 들여다보자. 그리고 내 안의 감정을 먼저 인정하자. 그것이 아이의 감정을 공감해 주는 첫걸음이다. 완벽하지 않은 자신을 인정하고, 과도한 죄책감에 빠지기보다 그 원인을 이해하고 책임감 있게 양육자의 역할을 담당하는 부모는 아이의 자존감을 위해 너무나 중요한 환경이 될 것이다.

6부

좋은 부모란?

자녀와 친한 아버지

아이들을 올바르게 키우려면 집에서부터 엄격하게 규율을 잡아야 한다고 생각하는 아버지들이 있다. 이런 아버지들은 아이들에게 오냐오냐하면 버릇이 나빠진다고 생각한다. 물론 규칙과 규율을 지키는 훈련은 꼭 필요하다. 그러나 이 때문에 아버지가 지나치게 엄격하게 굴어서는 안 된다.

아버지는 자녀와 친해야 한다. 특히 사춘기가 시작되는 초등학교 4학년, 열 살 무렵부터는 아버지의 존재가 아주 중요해진다. 친하다는 말은 서로 잘 통한다는 말이다. 좋은 것을 보면 생각나고 아껴주는 사이가 친밀한 사이이다. 아빠가 나를 좋아하시고 나를 인정해 주신다는 느낌을 받는 관계가 친한 부자지간이다. 물론 아버지가 아이를 나무랄 때도 있겠지만 전반적인 감정은 좋은 것이어야 한다. 아버지의 인정을 받는 아이가 자존감 높은 아이로 성장한다.

'자존감이 높은 사람' 하면 내게 늘 떠오르는 분이 있다. 내가 존경하는 정신과 의사, 이시형 박사님이다. 내가 정신과를 시작한 20대 시절부터 오늘까지 그분은 내게 늘 존경스러운 분이었다. 우리 사회에서 정신과 의사의 품격을 높여준 분이라고 생각한다.

이분에게 들은 아버지 이야기가 인상적이었다. 이 박사님의 아버지는 엄하고 말씀이 적은 분이었다고 한다. 이 박사님이 경북고에 합격했다는 소식을 말씀드렸을 때도 아버지는 별 말씀이 없으셨다고 한다. 그러나 얼핏 본 아버지의 표정은 평생 잊을 수 없다고 하셨다. 어려운 시험에 합격한 아들을 인정해 주시는 표정이었다.

그때 어린 이 박사님은 '아버지가 나를 인정해 주시는구나.' 하는 흐뭇한 자긍심을 느꼈다고 했다. 나는 어린 이 박사님이 이때 느낀 자긍심이 이 박사님의 내면세계에서 매우 중요한 역할을 했을 것이라고 생각한다.

다른 분의 이야기도 보자. 전문직을 가진 50대의 성공한 남성이 있었다. 자존감이 높은 분이었다. 이분도 이 박사님과 비슷한 기억을 갖고 있었다. 중학생 때였다. 마당에서 놀고 있었다. 문득 시선이 느껴져서 돌아보니 아버지가 멀리서 자기를 보고 계셨다. 그런데 아버지가 자기를 보며 웃고 계셨다고 한다. 등 뒤에서 자기를 보며 흐뭇한 미소를 짓고 계신 아버지⋯⋯. 문득 이런 생각이 들었다. '아버지가 나를 좋아하시는구나.' 기분이 아주 좋았다. 살면서 가끔 그때의 아버지가 떠오른다고 했다. 그리고 기분이 좋아진다고 했다.

이런 아버지가 내재화된 사람들은 마음속에서 자신을 인

정해 주는 긍정적인 음성을 갖고 산다. 자기 긍정의 소리는 자존감을 높여준다. 반면에 자기 비난의 소리는 열등감을 만든다. 그래서 아버지와 친한 아이들은 자존감이 높다.

"남편의 죄를 모두 사하노라"

아이가 처음으로 인간관계를 맺는 대상은 엄마다. 생후 18개월까지 엄마와 아이의 애착 관계는 한 개인의 성격의 핵이 된다. 이 시기에 아이는 엄마의 젖가슴과 젖꼭지를 통해서 구강 욕구를 만족시키며 쾌감을 갖게 되는데, 이것을 '자기애 autoerotism'라고 한다. 이 과정에서 엄마의 따뜻한 보살핌 속에 꾸준하고 건전한 만족감을 얻으면 자기애의 시기가 짧게 끝난다. 그리고 다음 단계인 정신적인 발달 단계로 들어선다.

그러나 이때 엄마의 보살핌을 충분히 받지 못하고 사랑받고 싶은 욕구의 좌절을 겪으면 정신적 성장이 멈추고 성격적인 문제가 생긴다. 의존적이고 자기중심적이며 매사에 요구가 많고 받을 줄만 아는 성격이 된다. 애주나 폭주, 애연, 과식이나 과욕을 가진 사람이 이 경우에 해당된다. 자위행위를 너무 일찍 시작하거나 너무 과도하게 하는 것도 이 시기에서 그 뿌리를 찾을 수 있다.

세 살까지 아이는 자신에 대한 엄마의 반응을 통해 자아상을 형성해 간다. 엄마가 웃어주고 긍정적으로 반응해 주면, 아이도 잘 웃고 긍정적인 자아상을 만들어 간다. 엄마가 자주 찡그리고 부정적으로 반응하면 아이도 찡그리고 부정적인 자아상을 형성한다. 엄마의 이미지를 내재화시켜 자기상을 만들어 가기 때문이다.

아이는 따뜻하게 자신을 보살펴 주는 엄마를 통해 세상이 살 만하고 안전한 곳이라는 믿음을 갖게 된다. 그러나 엄마의 사랑에 좌절을 느낀 아이는 세상을 살기 힘들고 두려운 곳으로 느끼게 된다. 아이가 갓난 때부터 세 살까지 엄마는 정말 행복해야 한다. 그래야 아이에게 웃는 얼굴을 보여줄 수 있다. 아이에게 관심을 집중하고 충분히 보살펴 줄 수 있다.

그러므로 이 시기에 아이 아빠의 역할이 중요하다. 아이 아빠는 아내의 정신적 행복 관리에 신경을 써주어야 한다. 그런데 엄마의 마음을 가장 자주 괴롭히는 인물이 남편이다. 미국 심리학 잡지에서 이런 논문을 보았다. 부인들에게 가장 미운 사람 이름을 하나씩 적으라 했다. 놀랍게도 남편이 가장 많았다. 우리나라 부인들도 남편을 '웬수'라고 부른다. 왜 그럴까? 사랑하는 남편이 가장 미운 사람이기도 하다니?

해석은 이랬다. 남편을 사랑하니까 기대가 높고 따라서 실망시킬 때는 분노도 그만큼 심하게 느끼기 때문이라는 것이다. 또한 부부는 함께 살아온 세월이 길기 때문에 섭섭한 일도 그만큼 많기 때문이라는 것이다. 예를 들어, 남편의 외도로 실망하고 우울증에 빠진 부인들이 있다. 시댁 편만 드는 남편 때문에 섭섭한 마음이 쌓이기도 한다. 체중 열등감으로 괴로운 부인을 남편이 친구의 날씬한 부인과 비교할 때도 분노가 치민다. 이런 사건은 잘 잊히지 않는다. 하지만 계속 그런 마음으로 살면 마음이 불편할 수밖에 없다.

지금이라도 마음이 편해지려면 스스로에게 이렇게 말해볼 것을 권한다. "그동안 지은 내 남편의 죄를 이 시간부터 다 사해주겠노라!" 남편을 마음으로 용서해야 마음이 편해질 수 있다.

앞서 얘기한 오이디푸스 콤플렉스의 해결을 위해선 특히 부부 관계가 중요하다. 부부 사이가 좋지 않은 가정에서 자라는 아이는 이성의 부모에게 향하는 집착과 오이디푸스 콤플렉스를 극복하기 어렵기 때문이다. 예를 들어, 엄마와 아빠의 사이가 나쁘면 아이는 두 분 사이에 자기가 끼어들 자리가 있다고 생각한다.

매일 싸우는 부모 밑에서 자란 여자아이가 있었다. 아빠를 좋아하는 이 아이는 아빠가 퇴근해 오기만을 기다렸다. 아빠 손에 들린 초콜릿을 보면 세상에 부러울 것이 없었다. 아빠는 어디를 가든 첫아이인 딸을 데리고 다녔다. 아이는 엄마와 아빠가 싸울 때면 엄마가 나쁘다고 생각했다. 아빠는 항상 옳고 착한데 엄마가 아빠를 괴롭힌다고 생각했다.

아이는 엄마를 거부했다. 동시에 여성성도 거부했다. 여성이 된다는 것은 혐오스럽고 나쁜 사람이 되는 것이었다. 아이는 초등학교 3학년이 될 때까지 자신이 여자인지 남자인지 몰랐고 누가 "너는 여자야."라고 하면 앙~ 울어버렸다. 여자가 되는 것이 싫었다.

이런 경우 훗날 결혼 생활이 힘들어진다. 오이디푸스 콤플렉스가 극복이 안 되면 여자는 남편에게 이상적 아버지상을 기대하게 된다. 즉, 남편에게 비현실적인 기대를 하게 된다. 자기가 무슨 짓을 해도 받아주고 기다려 주고 사랑해 주는 비현실적인 남편을 원하게 된다. 이런 남편은 세상에 없다. 유아기 때 아버지만 그럴 수 있다. 그래서 결혼 생활은 늘 불만족스럽다. 남자의 경우엔 비현실적인 어머니상을 바라게 된다. 부부가 서로에게 어머니와 아버지를 기대한다면 그 결혼 생활은 힘들어질 수밖에 없다. 나는 현재 한국 사회의 부부 불화의 숨은 이유가 오이디푸스 콤플렉스의 미해결에 있다고 생각한다.

내가 의대에서 정신의학 강의를 할 때 제자들에게 꼭 당부한 말이 있었다.

"남학생 제군, 건강하고 쓸 만한 자식을 두고 싶다면 자네들이 꼭 명심할 것이 있네. 그것은 아내의 마음을 편하게 해주는 것이네. 엄마의 마음이 불편하면 아이가 불편하고, 마음이 불편한 아이는 건강하게 자랄 수가 없기 때문이네. 엄마의 불편한 마음은 엄마의 피부 긴장도나 표정을 통해서 아이에게 전달된다네. 불안한 엄마는 아이에게 웃는 표정을 보일 수가 없지. 우울한 엄마의 표정을 보고 아이도 행복할 수가 없네. 아이는 엄마가 자기에게 화난 것이라고 해석한다네. 엄마도 인간이기 때문에 감정을 참고 숨기는 데 한계가 있네. 아빠인 자네들이 아내를 도와줘야 하네. 아빠의 육아법은 아내 마음을 편하게 해주는 것이네."

내 아내의
지혜로운 용단

나는 애가 셋이다. 큰애는 딸인데 패션 사업을 하고 있다. 둘째는 아들이고 정신과 의사이다. 이 책을 함께 썼다. 막내아들은 화가이다. 하나님의 은혜로 애들이 모두 잘 자라주었다고 생각한다. 나는 잘 자라준 애들이 고맙다. 애들이 어릴 때 나는 정신과 전공의 수련 중이었다. 정신의학을 배우면서 나는 한 가지 확실한 진리를 깨달았다. 아이들에게 어머니가 아주 중요한 존재라는 것이었다. 정신적으로 건강한 아이를 가지려면 어머니가 아이를 충분히 사랑해 줘야 한다는 것이었다.

내 아내는 패션 디자이너다. 당시 광주의 충장로라는 번화가에서 의상실을 경영하고 있었다. 1970년대 초반, 한국 패션계가 번창하기 시작할 무렵이어서 돈도 잘 벌고 있었다. 그런데 바쁜 아내는 애들을 돌볼 시간이 부족했다. 그렇다고 아내에게 사업을 중단하고 집으로 들어가라는 말도 할 수 없었다. 나는 고민했다.

어느 날 나는 결심하고 아내에게 말했다. "내가 정신과를 공부해 보니까 애들에게 엄마가 아주 중요한데, 당신은 사업 때문에 너무 바빠. 우리가 경제적으로 성공한다고 해도 혹시 우리 애들 중에 정신적으로 불행한 아이가 나온다면 그건 성공한 인생이 아니라고 생각해."

고맙게도 아내는 내 말에 동의해 주었다. 그리고 한 가지 아이디어를 냈다. 의상실을 살림집에서 함께하는 것이었다. 집 거실에 의상실을 차려놓고, 아이들을 키우면서 손님이 오시면 옷을 주문받는 방법이었다. 이렇게 하면 아이들은 하루 종일 엄마를 곁에 둘 수 있다. 그러나 번화가의 상가를 떠나 주택가로 들어가는 것은 하나의 모험이었다. 그래도 당시 아내와 내가 선택할 수 있는 최선의 방법이었다. 그래서 시도했다. 1974년의 일이다.

그런데 고맙게도 고객들이 안집까지 찾아와 주셨다. 아내의 사업은 번창했고 아이들은 잘 자라주었다. 막내가 초등학교 고학년이 되어 혼자서 밥을 찾아 먹을 수 있게 되었을 무렵, 아내는 다시 번화가인 충장로에 부티크를 열었다.

안집 시절의 일이다. 막내가 유치원에 다닐 때다. 정원에서 흙을 가지고 놀다가 거실로 뛰어들어왔다. 아내는 손님과 이야기 중이었다. 막내는 엄마 가슴에 흙 묻은 손을 쑥 집어넣고 "보들보들이, 뜨끈뜨끈이"라고 외쳤다. 아내는 "앗! 차가워." 했지만 짜증은 내지 않았다. 오히려 아이를 안아주었다. 20여 년 후, 그 자리에 계셨던 분의 후일담을 들었다. "아이 어머니의 태도가 기억에 남습니다. 갑작스럽게 달려든 아이를 거부하는 느낌을 전혀 주지 않았어요. 어머니가 아이를 그대로 수용하면서 대화를 자연스럽게 이어가고 있었어요. 정말 특별했어요." 그분은 교육학을 전공하신 박사님이다.

　인간의 행복과 불행은 어떤 부모를 만나느냐에 달려있다고 해도 과언이 아니다. 좋은 부모란 자녀를 거부하지 않고 사랑하는 부모이다. 사랑받으며 자란 아이는 사람들과 잘 지내고 싸워야 할 때 싸울 줄도 안다. 엄마들은 경쟁사회에서 자녀가 낙오자가 될까 봐 초조하다. 그런데 엄마가 초조하면 아이를 좋아할 수가 없다. 걱정거리 애물단지로만 보인다. 아이들을 지나치게 간섭하게 된다. 그렇게 되면 자녀와 관계가 나빠진다. 엄마가 편해야 아이가 편하다. 마음이 편한 엄마가 아이도 잘 키운다. 자존감 높은 아이는 이런 엄마에게서 나온다.

　살아온 세월을 돌이켜보면 30대 젊은 날 아내가 내린 용단이 참 대단했다. 물론 이건 약 50년 전 일이고 우리 가정의 이야기일 뿐이다. 일반화시키는 것은 무리다. 다만 내가 말씀드리고 싶은 것은 각자 자기 가정의 형편에 맞는 자기식 방법을 찾으라는 것이다. 주어진 상황에서 최선을 다할 필요가 있다.

갓난아이도
엄마 목소리를 안다

미네소타대학의 찰스 넬슨 박사는 아이가 엄마 목소리를 기억하고 있다는 것을 알아냈다. 뇌파검사를 이용했다. 생후 24시간 된 아이에게 엄마 목소리를 들려주면서 뇌파를 찍었다. 뇌의 기억 중추가 활성화되었다. 기억 중추는 기억하고 있는 것을 회상해 내는 중추다. 낯선 사람의 목소리를 들려주었을 때는 새로운 자극을 기억시키는 중추가 활성화되었다. 아이는 엄마 목소리를 기억하고 있다가 회상해 내는 것이었다.

태아 시절 배 속에서 늘 듣던 엄마의 익숙한 목소리를 들을 때 아이는 편안할 것이다. 반대로 낯선 음성은 아이를 불편하게 할 것이다. 아가는 엄마의 목소리뿐만 아니라 엄마의 젖 냄새도 기억한다. 아기가 아무 생각 없이 잠만 잔다고 생각하는 것은 큰 오산이다. 잠만 자는 것 같지만 아기도 알 것은 다 알고 있다.

아기들이 백지상태로 태어나는 것은 아니다. 세상을 사는 데 필요한 지적 능력을 갖고 태어난다. 예컨대 덧셈과 뺄셈도 할 줄 안다. 흥미로운 실험을 보았다. 3개월 된 아기에게 인형 한 개를 보여주었다. 그리고 아기가 보지 못하게 인형을 가리개로 가렸다. 가리개 뒤로 인형 한 개를 더해주었다. 인형 한 개가 더해지는 것을 아기는 보았다. 아기가 덧셈을 할 능력이 있다면 가리개 뒤에는 인형이 둘 있다고 예상할 것이다. 실험자는 가리개를 치웠을 때 아기의 반응을 관찰했다. 아기의 예상대로 인형이 둘일 때 아기는 단 5초만 인형을 응시했다. 그러나 가리개를 치웠을 때, 인형의 수가 둘이 아니고 한 개만 있을 때 아기는 이상하다는 듯이 12초를 응시했다. 아기는 덧셈 능력을 갖고 있는 것이다. 하나 더하기 하나는 둘이라는 것을 알고 있었다.

아기들은 물건을 놓으면 떨어진다는 원리도 안다. 중력의 법칙이다. 생후 불과 5~6개월 된 아기도 인과관계를 안다. 예컨대 천장에 매달린 모빌에 끈을 달아 아기의 발에 묶어둔다. 자기 발이 움직일 때마다 모빌이 움직이는 것을 확인한 아기는 더 열심히 발을 움직여 모빌을 움직이게 한다. 자기 발과 모빌의 움직임의 인과관계를 파악한 것이다.

이 인과관계를 아기는 수개월간 기억한다. 아기가 갖고 있는 수리 능력, 중력의 법칙과 인과관계를 이해하는 능력은 생존에 필수적인 지적 능력이다. 아직은 미숙하지만 아가는 이 능력을 활용하여 세상을 경험하고 자기 세계를 만들어 간다.

아이들이 막 태어났을 때 뇌 뉴런의 수는 1000억 개 정도 된다. 그런데 이 세포들은 아직 시냅시스를 만들지 못하고 둥둥 떠있다. 마치 결합되지 않고 부품 상태로 있는 것과 같다. 어떤 경험을 하면 뉴런들이 결합하여 시냅시스를 만들어 저장된다. 기분 좋은 경험을 많이 할수록 시냅시스는 더 잘 만들어지고 사고 능력은 더 잘 발달한다.

인간은 자기가 하고 싶은 일을 할 때 가장 기분이 좋다. 이때 의욕이 생기고 더 탐구 행위를 하고 싶어진다. 반대로 강요당한 행동을 할 때는 위축된다. 그런 의미에서 아이에게 조기교육을 시키는 것은 문제가 있다. 아이가 스스로 해보려는 의욕을 잃어버릴 위험이 크기 때문이다.

하버드대학의 베리 브라질톤 교수는 이렇게 말한다. "좋은 엄마는 아이가 호기심을 가질 만한 환경을 아이에게 제공하는 엄마입니다. 아이는 호기심의 대상을 탐구합니다. 아이가 스스로 탐구하고 스스로 달성할 때까지 엄마는 기다려 주는 게 좋습니다. 아이가 성공했을 때 엄마가 칭찬해 주면 아이는 잘 자랍니다."

자기 스스로 어떤 일을 성취해 본 아이가 자존감 높은 아이가 된다.

정신화 과정을
촉진해 주는 엄마

'사람들은 각자 자기 마음이 있다. 그리고 그들의 생각은 나와 다를 수도 있다.'

너무나 당연한 말이지만, 이렇게 생각하는 능력이 있어야 대인 관계가 가능하다. 예컨대 열등감이 심한 여성이 있었다. 학벌 열등감이었다. 사람들이 자신의 출신 학교를 알면 무시할 거라는 생각에 늘 위축되어 살았다. 어느 날 같은 대학 친구의 결혼식에 갔다. 신부 화장을 하고 웨딩드레스를 입은 친구가 정말 행복해 보였다. 문득 친구도 자기와 같은 학교를 나왔다는 생각이 들었다. 그리고 자기의 출신 학교를 사람들이 안다고 해도 무시하지 않을 수도 있다는 생각이 들었다.

그런데 순간적으로 놀라운 심리적 경험을 했다. 갑자기 세상이 아침이 온 듯 밝아졌다. 사람들이 두렵지 않았다. 친구들과 얘기하는 자기 목소리가 커진 것을 인식할 수 있었다. '나같이 형편없는 대학 나온 애는 사람들이 무시할 거야. 사람 취급도 안 할 거야.' 이건 자기 생각일 뿐이었다. 그런데 결혼식장에서 남들이 나와 다른 생각을 할 수도 있다는 것을 깨달은 순간에 마음이 아침을 맞았다. 하나의 심리적 성장이었다. '남들도 각자 마음을 갖고 있고, 그들의 생각이나 감정은 나와 다를 수도 있다.'는 것을 이해하는 심리적 성장을 정신분석에서는 '정신화 mentalization'라고 한다.

심리적으로 자라지 못하여 정신화가 일어나지 못한 사람들이 많다. 그들은 세상 사람들이 모두 자기처럼 느끼고 생각한다고 믿고 있다. 그래서 위축되고 오해하고 화낸다. 그러나 같은 사물을 보고도 사람에 따라 느끼는 감정은 천차만별이다.

「은교」라는 영화에 이런 대목이 나온다. 젊은 남자 주인공은 공대생이다. 그는 노 교수님에게 소설을 배우고 있었다. 노 교수님은 젊은 주인공에게 문학가로서 자질이 부족하다고 비난한다. "같은 시간에 같은 별을 보더라도 보는 사람마다 다른 별을 보고 있는 것이라는 사실을 너는 이해하지 못했다. 너무나 평범한 이것을 네게 가르치는 데 수년이 걸렸다. 너에게 별은 다 같은 한 개의 별이 있을 뿐이었다." 물리적인 별은 하나지만 마음에 비친 별은 보는 사람 수만큼 다를 수가 있다. 이 사실을 이해하는 것이 정신화라는 성장 과제이다.

세 살 된 아이들은 남들도 자기와 똑같이 생각한다고 믿는다. 흥미로운 실험이 있다. 아이에게 빼빼로 과자 상자를 보여준다. 겉 포장은 빼빼로 과자 상자인데 속에는 과자 대신에 크레파스가 들어있다. 아이는 이 사실을 알고 있다. 실험자가 아이에게 묻는다. "친구 영이가 왔을 때 이 빼빼로 상자를 주면 영이는 이 상자 속에 뭐가 있다고 생각할까?" 세 살 된 아이는 "크레파스"라고 대답한다. 자기가 크레파스라고 생각하고 있으니까 당연히 영이도 그렇게 생각할 거라고 생각하는 것이다. 그러나 네 살 된 아이의 대답은 다르다. 똑같은 질문에 네 살 된 아이는 "빼빼로"라고 대답한다. 영이는 크레파스가 들어 있는 것을 모르니까 표지만 보고 빼빼로가 상자 안에 들어있을 것이라고 생각할 수밖에 없다는 것이다.

좋은 엄마는 아이의 정신화 과정을 촉진해 준다. 정신화는 인간관계 자극을 통해서 발달하기 때문이다. 네 살 때까지 아이가 가장 자주 만나는 대상은 엄마다. 엄마가 아이와 잘 놀아주고 아이를 예뻐해 주면 된다. 기분 좋은 인간 자극을 받은 아이의 뇌가 건강하게 형성된다. 이런 뇌를 가진 아이는 남의 마음을 헤아릴 줄도 안다. 역지사지(易地思之)도 가능하다. 이렇게 자란 사람은 대인 관계도 좋다. 자존감이 높고 행복지수가 높은 사람이 된다.

적절한 좌절은
필요하다

어리광이란 아이가 어른의 사랑을 받으려고 아이 같은 행동을 하는 것이다. 대부분의 엄마들은 아이가 어리광을 피울 때 예쁘게 보고 받아준다. 그러나 아이가 아이다운 어리광을 피워도 혐오감을 느끼는 엄마가 있다. "어리광 피우지 마. 꼴 보기 싫어!" 엄마 자신이 남에게 의존하는 것을 몹시 두려워할 때 어리광 피우는 아이에게 혐오감을 느낀다. 아이 입장에서는 엄마의 이런 거부 반응이 찬물을 끼얹는 것처럼 느껴질 것이다. 엄마와 아이의 관계가 경직되고 아이는 '애늙은이'가 될 수밖에 없다.

나도 애늙은이였다. 나의 어머니는 애들이 어리광 피우는 것을 몹시 싫어하셨다. 그래서 나는 어머니의 품에 따뜻하게 안겨서 마음 놓고 어리광을 피워본 기억이 없다. 그러나 딱 한 번 어리광 피운, 아주 따뜻한 기억을 간직하고 있다.

내가 여섯 살 때 6·25 전쟁이 터졌다. 나는 누나와 함께 산속 동네로 피란을 갔다. 어머니는 집을 지키고 계셔서 서로 떨어져 있었다. 전쟁이 끝나고 나는 피란처에서 집으로 돌아왔다. 그때 어머니가 어린 나를 무릎 위에 앉히고 "우리 아들, 뭐 먹고 싶니?" 하고 물어주셨다. 그렇게 다정한 어머니는 처음이었다. "어머니, 고구마 사줘요." 어머니가 찐 고구마를 사주셨다. 당시에는 길가에서 좌판에 찐 고구마를 놓고 파는 부인들이 있었다. 나는 지금도 고구마만 보면 그때의 어머니가 생각난다. 아이가 아이다울 수 있다는 것은 얼마나 행복한 일인지……! 한편 이런 생각도 한다. 내가 '애늙은이'로 조심스럽게 산 것이 사회적인 성공에 도움이 되었을지도 모르겠다는 것이다. 그러나 회고해 보면 내 삶은 쓸쓸한 것이었다. 무언지 모를 배고픔을 늘 느끼며 살았다.

아이는 엄마의 사랑이 필요해서 어리광을 부린다. 엄마가 예쁘게 봐주면 아이는 만족할 것이다. 어리광을 무조건 다 받아주라는 말은 아니다. 세상에는 안 되는 일도 있다는 것을 가르칠 필요가 있는 것이다. 유치원 다니는 아이가 날카로운 칼을 가지고 놀려고 할 때는 당연히 말려야 한다. 칼을 뺏으면 아이는 좌절감을 느끼고 울 테지만 어쩔 수 없는 좌절은 아이가 튼튼하게 성장하는 데 큰 도움이 된다. 이런 피할 수 없는 좌절을 정신분석에서는 '적절한 좌절 optimal frustration'이라 부른다.

인간은 살면서 좌절을 피할 수 없다. 아이들은 좌절을 극복하는 과정에서 인격이 성숙해진다. 과잉보호를 받은 아이들은 이런 좌절 경험을 할 수 없다. 그래서 아주 나약하고 참을성 없는 아이가 되는 것이다.

많은 엄마들이 엄마 역할에 자신감을 잃고 있다. 아이를 어느 정도까지 통제해야 하는지 혼란스러울 때가 많다. 아이를 독립적으로 키워야 된다는 것은 충분히 이해하고 있다. 그래야 아이가 자발성을 갖고 자유로운 인생을 살 수 있다는 것도 안다. 그러나 아이가 공부를 스스로 알아서 잘해주는 경우야 문제될 게 없지만, 시험이 임박했는데 잠만 자거나 게임에 빠져있을 때는 어쩌란 말인가? 이럴 때 어머니는 간섭하고 잔소리하고 통제하게 되는데 '내가 너무 간섭하는 엄마는 아닌가?' 하는 회의에 빠진다.

이럴 때는 통제하고 간섭하는 엄마가 좋은 엄마이다. 다만 공격적인 어투나 "넌 항상 그 모양 그 꼴이구나." 하는 식의 표현은 피하는 게 좋다. '나 전달법 I-message'으로 말하는 게 효과적이다. "엄마는 네가 그렇게 공부를 안 하면 내신이 형편없을까 봐 걱정돼."

부모가 자녀에게 듣기 좋은 말만 할 수는 없다. 때로는 책망도 하고 거절도 필요하다. 아이들은 아직 미숙하기 때문이다. 다만 너무 얼음처럼 차가워지지 말라는 것이다. 칼날처럼 비판적인 어투는 피하는 게 좋다.

작은 실수에
가혹한 벌을 내리면

부모가 자식을 대하는 태도는 아이의 초자아를 형성해 준다. 인간의 내면에는 자신을 평가하고 비판하는 마음의 구조가 있는데, 이것을 '초자아'라고 한다. 내 행동의 옳고 그름을 판단하고, 내 값을 매기는 '내면의 권위자'다. 흔히 양심이라고 불리는 것이 바로 이 초자아에 속한다.

초자아라는 마음의 구조는 6세쯤을 전후하여 확립된다. 건강한 초자아를 가질수록 자기를 비난하고 처벌하려는 목소리뿐만 아니라 선한 양심을 유지하고 만족스러운 삶을 누릴 수 있도록 허용하는 목소리도 가지게 된다.

부모가 성숙하고 합리적인 모습을 보여주면 아이도 '합리적 초자아'를 갖게 된다. 반면에 아이가 아이다운 실수를 했을 때 과도한 처벌을 하게 되면 아이는 작은 실수를 하고도 큰 처벌을 받을까 두려워하는 성격을 갖게 된다. 자신에게 가혹한 '처벌적 초자아'를 갖게 되어 열등감, 죄책감, 공포감 등에 시달리는 성격이 되는 것이다. 억울하다는 감정을 억누르고 있다 분노와 폭력으로 폭발하기도 한다.

처벌적 초자아를 가진 사람들은 즐거운 인생을 살지 못한다. 즐거움을 느끼는 순간, '지금 네가 그렇게 즐길 때냐?'라는 부모의 비난하는 소리가 내면에서 들려와 죄책감이 들기 때문이다. 이런 사람들은 아침에 일어나면 뭔지 모르게 몸과 마음이 무겁고, 전쟁터에 나가는 병사처럼 세상에 나가기가 두렵다. 그들에겐 하루하루가 살기 힘든 고해(苦海)다.

학창 시절 늘 1등만 하고 명문대 법대에 합격했으면서도 이 처벌적 초자아 때문에 고통을 받는 여대생이 있었다. 시험 때가 되면 시험을 치르기도 전에 낮은 점수를 걱정하며 재시험을 보게 될 것이라는 생각을 하게 되고, 그러다가 진이 빠져 집에 가서는 탈진한 상태로 쓰러지곤 했다. 그녀에게는 지나치게 엄격한 부모가 있었다. 그녀의 부모는 작은 일에도 너무 엄격한 처벌과 비난을 퍼부었다.

그런데 아이가 큰 실수를 했는데 너무 작은 처벌을 하거나 그냥 넘어가 버리면, 아이는 죄책감을 못 느끼는 성격이 된다. 사이코패스 같은 성격, 깡패 성격을 갖게 되는 것이다. 따라서 아이에게 벌을 줄 때는 합리적이어야 한다. 아이다운 실수나 아이 수준에서는 누구나 그럴 수도 있는 잘못을 저질렀을 때는 주의를 주는 것으로 용납해 주지만, 큰 잘못을 저질렀을 때는 따끔하게 야단을 쳐야 한다. 반대로 잘한 일이 있을 때는 칭찬과 격려를 해주고 그에 합당한 보상을 해주는 것이 좋다.

여기서 조심할 것은 아이를 따끔하게 혼을 낼 때도 너무 차갑게 몰아붙이진 말아야 한다는 것이다. 때로는 아이가 너무 어려서 옳고 그름을 구분하지 못했을 수도 있다. 이럴 때는 무엇이 잘못이고 왜 그러면 안 되는지 잘 설명해 줘야 한다. 아이가 잘못인 것을 알 만한 나이가 됐는데도 그렇게 행동했다면, 행동 자체는 고쳐줘야 하지만 왜 그런 행동을 했는지 아이의 마음을 살펴볼 필요가 있다. 아이의 감정을 존중해 주며 대화를 나누다 보면, 아이의 속마음을 아는 계기가 될 수도 있다. 이처럼 상벌에 있어 부모가 합리적인 태도와 일관성을 보여주어야 아이가 자신의 자아상을 건강하게 키워갈 수 있다.

아이는 자신의
청사진을 갖고 태어난다

흔히 부모는 아이가 백지상태에서 태어난다고 생각한다. 그 백지에 어떻게 그림을 그려가느냐 하는 것은 부모의 역할이라고 생각한다. 그래서 부모의 생각대로 아이를 교육하려 들고 간섭과 강요를 일삼는다. 과잉보호도 그렇다. 언뜻 보기에는 아이를 위하는 것 같지만, 알고 보면 아이의 능력을 못 믿어서 나타나는 행동이다.

정신분석가 에릭슨에 의하면, 아이는 자기 나름의 청사진을 갖고 세상에 태어난다. 그 청사진에 따라 때가 되면 걷고, 달리고, 말하고, 판단하고, 관계를 형성해 간다. 뜰에 뿌려진 꽃씨가 때에 따라 물과 양분, 햇빛을 받아 꽃을 피우고 열매를 맺듯이 아이도 그렇게 성장한다. 부모는 이런 아이의 생명력에 대한 신뢰를 가져야 한다. 부모의 역할은 꽃나무가 잘 자랄 수 있는 토양을 풍요롭게 해주는 것이다. 사랑하고 사랑받는 인간 환경이나 물리적 환경이 토양이다.

아이가 자신의 청사진대로 잘 커나가게 하려면 아이 성장을 북돋워 주는 환경을 마련하는 것 못지않게, 아이 성장을 가로막는 방해 인자를 제거해 주는 것도 중요하다. 특히 아이에게 부모의 성행위 장면을 들키지 않도록 조심해야 한다. 오이디푸스 콤플렉스를 자극하기 때문이다. 포르노 같은 유해 환경을 집안에서 제거해야 한다.

한 고교생은 초등학교 때 부모가 여행 간 사이 여동생과 함께 부모가 보던 포르노 비디오를 본 경험 때문에 정신분열증에 걸렸다. 여동생과 포르노 장면을 그대로 재현해 본 것이 화근이었다. 그 후 그 사실이 탄로 날까 봐 늘 두려움에 시달렸다. 그러던 어느 날 소년은 타고 가던 버스가 급정거하는 바람에 앞에 서 있던 젊은 여성의 젖가슴으로 넘어졌다. 그러자 그 여성이 비명을 지르며 욕설을 퍼부었다. 그때 소년의 피해망상이 발작을 일으켰다.

'경찰이 나를 미행한다.'

학교도 가지 않고 방구석에 틀어박혀 지냈다. 버스에서의 그 사건은 소년의 무의식 속 죄책감을 공개적으로 폭로한 사건이 되었던 것이다.

형제끼리 경쟁시키는 집안 분위기도 아이 성장을 방해하는 인자 중 하나다.

"언니는 항상 1등인데 너는 왜 그 모양이니?"

"오빠 반만 닮아봐라. 엄마가 걱정할 일이 없겠다."

비교는 나쁘다. 사람은 각자 고유성이 있고 그 자체로 우주이다. 누가 더 위에 있고 아래에 있을 수가 없다. 아이 입장에서는 부모가 엄친아 엄친딸을 들먹이며 다른 집 자식과 비교하는 것도 기분 나쁘지만, 한 집안 형제끼리 비교하는 것처럼 치명적인 상처도 없다.

생각해 보자. 직장에서 옆 동료와 자신을 계속 비교하며 비난하는 상사가 있다면 어떤 기분일까? 어른이 되어서도 감당하기 어려운 스트레스인데, 어린아이에게는 얼마나 큰 상처가 될지 짐작하기도 어렵다. 아이는 계속 집안에 경쟁자를 두고 비교당하며 스스로를 불량품, 못난이로 여기게 될 것이다. 이처럼 편애하는 가정 분위기는 자녀를 열등감 있는 사람으로 만든다.

발달 단계를 알면 아이가 더 잘 보인다

아이는 성장하면서 각 단계별 성장 과제가 있다. 아이의 발달 단계를 알면 아이를 이해하기가 쉬워진다. '우리 아이가 사춘기구나. 그래서 저렇게 제 주장을 하는구나.' 이렇게 아이가 더 잘 보인다.

발달 단계에 따른 기본 지식과 그에 따른 부모의 역할도 알아둘 필요가 있다. 발달심리학 책 한 권 정도는 읽을 것을 권한다. 샌디에이고 정신분석가인 캘빈 칼러루소 Calvin Colarusso 박사가 쓴 『정신분석적 발달이론』(학지사)이 도움이 될 것이다.

간단하게 아이의 발달 단계에 따라 달라지는 욕구를 살펴보도록 하자.

1. 영/유아기(출생에서 18개월)

이 시기에는 안정적인 모자 관계가 핵심이다. 안정된 모자 관계는 자존감의 기초가 된다. 특히 이 시기의 아기는 자기 조절 능력이 현저히 낮아서 불쾌감과 불안에 대단히 취약하다. 신체적 불쾌감이 클수록 아이의 불안감도 커지므로 신체적 만족감과 편안함이 중요하다.

아이가 배고플 때 먹여주고 대소변 처리를 깨끗이 해주고 졸릴 때 자게 하여 아이의 생체리듬을 잘 맞춰주는 것이 중요하다. 아이의 필요를 엄마가 잘 채워줄 때 아이의 마음에 기본적 신뢰 basic trust 가 자라기 시작한다. 스킨십, 웃어주기, 반사 mirroring, 말로 의미 부여해 주기는 좋은 방법이다. 특히, 아이와 눈을 맞추고 많이 웃어주는 것은 아이의 정서적 안정과 뇌 기능 발달에 매우 효과적인 방법이다.

한편, 엄마나 할머니 같은 주양육자와 1주 이상 헤어져 있는 상황은 아이에게 중요한 불안을 유발할 수 있다. 장기간의 분리가 예상될 때에는 세밀한 준비와 전문가 상담도 필요하다.

2. 걸음마기(토들러)

아이의 자기주장과 엄마의 통제가 처음 충돌하는 시기이다. 아이는 생물학적으로 심리적으로 아직 자기 조절 능력이 부족한 상황이며, 통제받는 것에 매우 예민하다. 이 시기의 엄마에게 가장 요구되는 덕목은 유연성이다. 아이가 자신의 속도대로 대소변 가리기를 진행해 가도록 때로는 지켜봐 주고, 때로는 부드럽게 유도해 갈 필요가 있다. 엄마가 정한 시간표에 맞추어 지나치게 엄격하게 대소변 가리기를 훈련시키면 아이는 매우 불안해지고 분노 등의 강렬한 반응을 보일 수 있다.

이 시기에 엄마-아기 사이의 힘겨루기 power struggle 나 갈등은 정상적이고 흔히 발견되는 일이다. 그러나 이때 아이의 고집을 꺾어서 엄마에게 순응하도록 강요하면 아이의 자발성 spontaneity, 능동성 autonomy, 자기주장 assertiveness, 호기심 curiosity 등과 같은 중요한 심리적 능력 발달이 저해될 수 있다.

3. 3~6세(유치원)

언어가 조금씩 더 정교해지고, 타인들도 감정과 생각이 있다는 것을 인식해 가는 시기이다. 다양한 판타지를 가지며, 놀이를 통해 판타지를 실현하면서 기쁨을 느끼는 시기이기도 하다. 오이디푸스 갈등과 함께 정상적으로 신경증적 증상(악몽, 공포증 등)이 발현하다가 자연스레 사라진다. 만약 불안 증상이 줄어들지 않고 계속 심하게 지속된다면 아이가 경험하는 심리적 스트레스, 부모와의 갈등 등 여러 요소에 대해서 전문가의 평가를 받아보는 것이 좋다. 이 시기를 거치면서 아이의 마음 안에 도덕적 기준(초자아)이 생긴다.

우리나라에서는 이 시기에 조기교육을 시키기 시작하는데 지나치게 인지 기능 발달에 초점을 둔 교육 방식은 오히려 정서발달에 걸림돌이 될 수 있다. 아이들은 조기교육을 받느라고 한자리에 오래 앉아있어야 하고, 힘든 것을 참아야 하며,

긴 시간 집중해야 한다. 반면 재미와 만족을 연기해야 한다. 그래서 집중력과 인내력이 충분히 준비되지 못한 아이들에게 조기교육은 대단한 부담과 압력이 될 수 있다.

조기교육을 성공적으로 수행하려는 어른들은 아이들에게 자기 욕구를 더 빨리 통제하라고 강요한다. 이것이 초자아 형성에 영향을 준다. 초자아는 도덕적 기준, 자기 검열, 비판적 사고와 연관된 마음의 목소리이다. 즉, 아직 자기 조절 능력이 부족한 아이들은 초자아가 유발하는 죄책감과 처벌이 두려워서 욕구를 참고 조절하게 되는 것이다. 마음속에 비난과 처벌의 위협이 높은 아이가 된다. 결과적으로 '나는 뭔가 잘못된 아이'라는 부정적 자기 이미지를 갖게 된다. 이런 아이들이 낮은 자존감, 열등감을 갖게 된다.

이 시기에 엄마가 할 수 있는 노력은 또래의 친구들을 만나게 해주는 것이다. 아이들은 친구들과 놀면서 감정을 교류하는 것이 중요하다. 아이의 자아는 감정을 말로 표현하면서 성장한다.

감정적으로 안정된 아이들은 호기심이 많아지고, 창조성이 높아지고 언어 발달이 촉진된다. 재미와 즐거움이 동반된 학습은 학습 의욕을 고취시킨다. 그리고 칭찬을 자주 해주는 것이 좋은데 다른 친구들과 비교를 통한 칭찬보다는 "너는 아주 특별한 사람이야. 너는 나에게 아주 소중한 사람이야."라고 말로 표현하는 것이 좋다. 이런 칭찬의 말은 안정적 자존감 형성을 위한 소중한 씨앗이 된다.

4. 초등학교 시기(7~11세)

아이의 독립성은 걸음마를 하면서부터 시작되지만, 부모에게서 벗어나 또래 친구들에게 관심을 가지는 독립의 시기는 초등학생 무렵이다. 부모로부터의 분리와 독립은 두려움을 유발하기도 하지만 이 시기의 아이들은 독립이라는 또 다른 재미도 찾는다.

이 시기 아이들이 가진 발달적 욕구는 집으로부터 벗어나 부모 이외의 권위적 대상(학교 선생님)과 가족 이외의 애착 대상을 만나는 것이다. 이 시기에 소중한 대상은 동성의 친구들이다. 친구들과 사귀면서 다양한 사회적 상황에 부딪힐 때 어떻게 대처할지 배운다. 또한 학교 선생님이나 부모 이외의 어른들을 이상화하고 따르기도 한다. 이것은 매우 자연스럽고 건강한 모습이다. 친구나 선생님이 아이를 있는 그대로의 모습으로 인정해 줄 때, 아이의 정체성은 확고해지고 자존감도 높아진다.

한국의 경우, 아이들이 제도권 교육체계로 들어가면서 부모들은 선택을 강요받는다. '남들이 하는 것만큼은 따라가야 해!' 학원과 과외가 아이들의 자유 시간(친구와 재미있게 놀 시간)을 점령해 버린다. 아이의 행복한 표정을 볼 때 부모도 행복하다. 이 시기의 아이에게 행복한 순간은 바로 '친구'와 함께 있는 시간이다. 아이에게 친구를 주자. 오래 유지되는 친구 관계를 만들어 주도록 노력하자.

5. 청소년기(초등학교 고학년부터 10대 후반까지)

사춘기는 남녀가 신체적으로 생식 능력을 획득하는 시기이다. 즉 남자아이가 처음 사정을 하거나 여자아이가 첫 생리를 하면 사춘기이다.

사춘기의 핵심 과제는 이렇게 성숙해진 성적, 신체적 변화를 편안하게 받아들이는 것이다. 아이의 발달적 욕구는 부모로부터 물리적, 신체적으로 분리되는 것이다. 방문을 잠그기 시작하고, 비밀이 생기기 시작하는 것은 자신만의 영역 territory 을 갖고자 하는 자연스러운 욕구이다. 또한 자기 신체에 대한 탐구, 다양한 성적 공상, 자위행위, 그리고 이성과의 성적 접촉

등이 시작된다.

아이들은 동성의 친구들로부터 성에 대한 다양한 정보를 얻고 실험해 보기도 하는데, 인터넷을 통한 자극적인 성적 정보, 친구들로부터 들은 부정확한 성 지식에 쉽게 영향을 받기도 한다. 정신분석적, 무의식적 관점에서 보면 오이디푸스 갈등이 다시 점화되고 이성의 부모에 대한 성적 욕구도 자극된다. 흔히 청소년기에 아들은 엄마와, 딸은 아빠와 심각한 갈등을 겪는 것을 보게 된다. 이것은 청소년기 자녀가 대단히 불편하고 죄책감을 유발하는 성적 감정을 피하기 위해서 이성의 부모와 갈등을 만들어 거리를 두는 것일 수 있다.

한편, 이 시기에 부모들은 대개 중년기에 접어들어 있다. 부모 역시 중년기의 신체 변화와 심리적 갈등, 자존감의 문제를 겪기 때문에 자녀들의 반항이나 불순종, 거리 두기, 무시 등에 큰 상처를 받기도 한다.

청소년기 자녀에게 부모가 해줄 수 있는 것은 아이의 독립을 촉진해 주는 것이다. 아이의 사생활과 감정을 존중해 주고, 아이의 자기주장을 부모에 대한 무시, 비난으로 보기보다 자기감정을 찾고 싶어하는 아이의 욕구로 봐주는 게 좋다.

자녀 양육에 관한 잘못된 환상들

앞에서 나는 부모의 자존감이 대물림된다고 했다. 엄마의 자존감이 바로 서야 아이의 자존감도 바로 세워줄 수 있다. 그런데 엄마들의 자존감을 무너뜨리는 생각들이 있다. 엄마들을 괴롭히는 잘못된 생각들이다. 어머니들을 지치게 하는 다음과 같은 신념들이다.

"아이의 성공과 실패는 오로지 내가 어떻게 하느냐에 달려 있다."

아이의 성공과 실패가 전적으로 엄마에게 달려있다는 생각은 잘못된 생각이다. 남편과 아이 쪽 책임도 있고 사회 경제적인 조건도 고려해야 한다. 애들을 키우다 보면 성공하는 날보다 실패하는 날이 더 많은 것이 보통이다. 그래서 이런 생각을 가진 엄마는 늘 남편과 아들 앞에 죄인이 된다. 물론 아이가 성공했을 때는 만족하게 된다.

"나는 엄마 역할이 짜증나지도 않고 그래서도 안 된다."

이것도 환상이다. 엄마도 지치고 짜증날 때가 있다. 엄마도 사람이다. 1년 365일 항상 자애로운 엄마는 소설이나 영화에서나 가능하다. 현실에서는 존재할 수 없다. 지치고 짜증이

날 때는 좀 쉬어서 에너지를 충전시키는 편이 좋다. 아이에게 짜증낸다고 자신을 나쁜 엄마라고 비난할 필요는 없다.

"아이를 위해서 100퍼센트 헌신하는 모습을 보여줘야 한다. 그래야 사람들이 나를 존경할 만한 엄마로 생각해줄 것이다."

허공을 붙잡는 생각이다. 자기 평가의 주체가 내가 아니고 남이다. 사실 인간이 아무리 노력한다고 해도 남의 눈높이에 도달하기는 어렵다. 남들의 평가란 그들의 기분과 입맛대로 요동친다. 그리고 100퍼센트 헌신이란 어느 수준을 말하는 것인가? 자신이 가지고 있는 완벽주의 환상을 남들에게 투사한 것일 뿐이다. 기를 쓰고 노력한다고 해도 100퍼센트에 도달하기는 힘들다. 이런 생각을 가진 엄마들은 결국 좋은 엄마라는 평가는 받지 못하고 부끄러운 엄마라는 아프고 씁쓸한 감정만 느낄 뿐이다. 이런 엄마의 마음 어디에도 자존감이 설 자리는 없다.

"아이를 돌보는 데 나의 모든 시간을 써야 한다. 나를 위해 휴식이나 여가를 누려서는 안 된다. 그런 사치스러운 욕구를 가져서도 안 된다."

엄마도 휴식이 필요하다. 사실 모든 시간을 아이 돌보는 데 쓰는 엄마는 없다. 이런 강박관념에 쫓기는 엄마는 정신 에너지를 충전시킬 시간을 갖지 못하여 '탈진 상태exhaustion'에 빠지기 쉽다. 친구와 차라도 마시고 들어온 날에는 아이에게 죄라도 지은 기분이 된다. 죄인은 자존감을 누릴 수 없다. 엄마도 차 마실 시간은 필요하다.

"내 아이에게는 어떤 부담도 줘서는 안 된다. 내 아이가 충분히 그 일을 책임지고 해결할 수 있는 나이가 되었더라도 아이에게 책임을 지워서는 안 된다. 부담되는 일은 모두 아이 대신 내가 해야 한다."

아이가 조금이라도 힘들어하는 것을 못 보는 엄마가 이런 생각을 한다. 불안이 높은 엄마들이 이런 신념을 갖는다. 아이 대신에 숙제도 해줘 버린다. 아이를 과잉보호하게 된다. 이렇게 자란 아이는 책임질 줄을 모른다. 어려운 일에 봉착하면 자기가 해결하려 하지 않고 엄마만 찾는다. 도와주지 않는 엄마를 원망한다. 아이가 할 수 있는 일은 아이에게 맡기고 기다려 주는 엄마가 좋은 엄마이다.

내 딸이 기어다니기 시작했을 때였다. 하루는 딸이 2층으로 올라가는 계단을 기어오르고 있었다. 나는 불안했다. 떨어지면 뇌진탕이 일어날 것이라는 생각이 스쳐지나갔다.

'아이를 안아서 2층에 데려다줄까?'

그러나 그렇게 하지 않았다. 아이가 계단을 오르는 행동을 지켜보며 가까운 거리에서 따라 올라갔다. 마침내 아이가 2층에 도착했다. 아이는 만족스러운 표정이었다. 어려운 일을 자기 힘으로 해낸 자의 표정이었다.

만일 내가 아이를 안아서 2층에 옮겨줬더라면 과잉보호다. 아이의 만족감을 빼앗는 아버지가 되었을 것이다. 아이들의 인격은 고통과 그 고통을 극복하는 경험 속에서 성장한다. 이런 경험을 통과해 본 아이들은 인생의 고난을 당했을 때 고난 극복의 저편에서 맛볼 성취감의 기쁨을 기대하고 노력한다. 반대로 과잉보호를 받고 자란 아이들은 나약하여 쉽게 무너지고 만다.

"애 키우는 일 하나로 나는 만족해야 한다. 애만 잘 키우면 내 인생의 모든 소원이 다 이루어질 것이다. 다른 꿈을 갖는다면 나는 나쁜 엄마다."

그렇지 않다. 이런 생각을 가진 엄마들은 앞에서 소개한 김 군의 엄마처럼 아이에게 집착하게 되고 과도하게 간섭하고 통제하는 엄마가 되기 쉽다. 그리고 엄마가 40대가 되고 아이가 청소년기에 다다르면 엄마는 공허감에 빠진다.

꼭 기억하기 바란다. 엄마의 꿈과 엄마의 인생도 중요하다. 당당하게 의지를 갖고 자기 꿈을 이루어가는 엄마를 가진 아이들은 행복하다. 시카고의 정신분석가 하인즈 코헛은 이런 엄마를 가진 아이들이 '건강한 자기애 healthy narcissism'를 가질 수 있다고 했다. 자신감 있는 아이가 되기 위해서는 이런 독립적인 엄마가 필요하다는 것이다.

도배 일을 하는 엄마가 있었다. 아버지는 무능했고 어머니가 돈을 벌어야 했다. 그러나 엄마는 늘 떳떳하고 당당했다. 새벽에 일 나가시면서 초등학생 딸에게 가사를 분담시켰다. 현실을 인정하고 성실히 사신 어머니였다. 이 딸이 커서 의사가 되었다.

"어릴 때 힘들기는 했지만 나는 한 번도 도배 일을 하는 어머니를 부끄럽게 생각한 기억이 없어요. 어머니도 고생하시니까 당연히 나도 집안일을 해야 한다고 생각했지요."

자란 후에는 어머니가 고맙고 자랑스럽다고 했다.

반대의 경우도 있다. 보험설계 일을 하시는 엄마가 있었다.

밤늦게 귀가해 보니 애들이 밥도 못 먹고 잠들어 있었다. 이 엄마는 애들에게 미안해서 몰래 울었다고 했다.

'너희들이 부모를 잘못 만나 이 고생이구나. 다 어미 죄다.'

이 어머니의 심정도 이해 못할 바는 아니다. 그러나 아이들의 입장에서 생각해 보자. 아이들은 죄인 엄마를 가진 셈이다. 아이들이 마음 편할 수 없을 것이다. 자존감도 누리기 어려울 것이다. 앞서 소개한 도배 일을 하는 엄마와 확연히 비교된다. 엄마는 현실을 인정하고 당당해야 한다. 그래야 좋은 엄마 노릇도 할 수 있다.

"내 아이들은 자기들을 위해서 쏟아부은 나의 헌신적인 노력을 알아줘야 하고 감사해야 한다. 그리고 이런 헌신적인 엄마를 좋아해야만 한다."

그러나 아이들은 기대만큼 엄마를 알아주지 않는 것이 보통이다. 애들은 자기 입장에서 자기 생각만 한다. 이런 자식들 앞에서 지칠 정도로 헌신한 엄마는 배신감을 느낀다. 엄마가 편하려면 엄마는 엄마로서 엄마의 역할을 했을 뿐이라고 생각해야 한다. 아이가 자기를 알아주고 좋아해 주기를 바랄 때, 엄마는 실망하고 허무감에 빠지기 쉽다. 다시 말하지만 엄마가 사회구조를 바꿀 수는 없다. 남편도 바꾸기 어렵다. 그러나 엄마 자신의 마음을 이해하고 태도를 바꾸는 일은 당장이라도 가능하다.

'나를 괴롭히는 신념은 어떤 것일까?'

헛된 믿음이나 환상의 짐을 벗어야 마음이 편해질 수 있다. 엄마의 마음이 편해야 아이도 편하다.

좋은 부모 되기
5계명

좋은 부모는 앞에서도 얘기했지만 아이를 좋아하는 부모다. 아이를 사랑하고 예뻐해 주는 부모다. 아이의 감정에 귀 기울여 주고 견뎌주고 수용해 주는 부모라면 좋은 부모라고 할 수 있다. 그래도 좋은 부모가 되는 구체적인 방법을 알고 싶어 하는 사람들이 많다. 이런 분들을 위해 좋은 부모 되기 5계명을 소개한다.

1계명_ 귀가 후 첫 5분을 아이에게

맞벌이 부부에게 꼭 들려주고 싶은 정보가 하나 있다. '퇴근 후 처음 5분을 아이에게 주라.'는 것이다. 대부분의 일하는 엄마들은 죄책감을 느끼고 있다. '내가 아이와 같이 있어주지 못해서 애가 혹시 잘못되지나 않을까?' 그런데 연구 보고에 의하면, 엄마가 퇴근 후 집에 돌아왔을 때 첫 5분이 특히 중요하다고 한다. 사실 아이는 하루 종일 엄마의 사랑에 굶주려 있다. 엄마가 퇴근해서 현관문을 열고 들어오실 때 아이는 '엄마 고픈' 상태다. 아이는 엄마를 보자마자 안기려고 달려간다. 전속력으로……. 그런데 일하는 엄마들은 아이와 입장이 다르다. 집에 도착했을 때 먼저 눈에 들어오는 것은 아이보다 눈앞에 쌓인 집안일이다. 그래서 달려오는 아이에게 간단한 인사

정도만 하고는 집안일로 달려간다. 그때 아이는 심한 좌절감을 느낀다.

좌절감으로 화가 난 아이는 엄마의 사랑을 확인하기 위해서 떼를 쓰고 매달린다. 말도 안 되는 엉뚱한 요구를 하기도 한다. 빨리 밥 준비를 해야되는 엄마로서는 아이가 방해꾼으로 보인다. "너 왜 이러니? 저리 좀 비켜~."

그러나 5분이면 된다. 퇴근하고 집에 도착하자마자 아이에게 달려가는 것이다. 아이와 충분히 스킨십을 하고 눈 맞춤을 하며 "우리 강아지, 오늘 잘 지냈어?"라며 말도 걸어준다. 엄마가 아이에게 따뜻한 관심을 갖고 있다는 것을 보여주는 것이다. 이렇게 아이의 갈증을 해소해 주고 나서 집안일을 처리해도 늦지 않다. 짧은 시간이나마 아이에게 구체적이며 질 높은 사랑을 보여주어야 한다. 여기에 처음 5분이면 충분하다.

사실 아이들도 바쁘다. 엄마 오기 전에 보고 있던 텔레비전도 봐야 하고, 장난감 놀이도 해야 한다. 엄마의 관심만 확인하면 애도 자기 일상으로 달려가고 싶다. 그런데 첫 5분을 놓치는 엄마들이 많다. 한 대기업에 다니는 젊은 아빠가 내 글을 읽고 자기도 첫 5분을 아이에게 주었다고 한다. 얼마 후 아이가 아빠를 아주 좋아하게 된 것을 확인할 수 있었다고 했다.

2계명_ 다른 아이와 비교하지 않는다

권위 있는 상을 수상한 S대 산부인과 의사는 이렇게 말한다.

"연구를 하면 할수록 한 생명의 탄생이 경이롭습니다. 한 아이가 건강한 아이로 태어나려면 얼마나 많은 난제들을 넘어야 하는지, 그저 아이가 건강하게 태어나는 것 자체가 기적이라는 생각이 듭니다."

공부를 못하고 말을 잘 듣지 않아도 내 아이가 건강하게 자라주는 것 자체로 감사할 일인 것이다. 물론 공부도 잘하고 말도 잘 듣는 아이라면 더 감사할 일이겠지만 그러지 않아도 감사할 일임에는 틀림없다. 그런데도 힘이 드는 것은 남들과 비교하기 때문이다. "누구네 아이는 이번에 1등 했다더라." "누구네 아이는 명문 고등학교 들어갔다더라."

엄친아 엄친딸과 내 아이를 비교하기 시작하면, 아이에게 화가 난다. 뭐가 부족해서 저 집 아이들보다 뒤처지나 싶은 것이다. 그러면서 아이들하고의 싸움이 시작된다. 비교를 당한 아이는 부모의 말을 고분고분 듣고 싶지 않다. 부모는 부모대로 잘하라고 아이를 야단쳤더니 말을 듣기는커녕 엇나가는 아이가 밉기만 하다.

아이들은 그 아이들만의 고유한 청사진을 가지고 세상에 나온다. 부모의 역할은 아이의 고유한 청사진대로 살아가도록 환경을 조성해 주는 것이다. 물론 그 청사진의 타임 스케줄이 내 시간보다 조금 늦을 수도, 내 기대와 다를 수도, 못 미칠 수도 있다. 누에고치에서 나오려는 나비가 힘들어 보여 고치를 바깥에서 깨주고 싶을 수도 있다. 하지만 제힘으로 고치를 깨고 나오는 나비여야 훨훨 날 수 있다.

아이가 공부를 잘하든 못하든, 지금 말을 잘 듣든 아니든 내 아이인 것만으로 사랑해 주고 믿어주고 기다려 주면 아이는 자존감이 높아진다. 마음의 중심에 단단한 핵을 갖게 된다. 부모에게 사랑받고 믿음을 받으면 아이는 자신 안의 청사진을 제힘으로 펼쳐나갈 힘을 갖게 된다.

3계명_ 아이에게 명령할 때 따라야 하는 이유를 설명해 준다

엄마들은 하루에도 수십 번씩 아이에게 명령을 한다. "조용히 해." "나가 놀아." "손 씻어." "공부해." 그러나 그 이유를 설명해 주는 엄마들은 적다. 이건 아이의 지적 능력의 발달에 아주 중요한 결함을 초래한다. 시카고대학의 시프네우스 교수가 이와 관련된 흥미로운 연구를 했다. 시프네우스 교수는 한 초등학교에서 특이한 점을 발견했다. 부잣집 아이들은 성적이 높은데 가난한 집 아이들은 성적이 나빴다.

'학업 능력과 가정의 부는 어떤 관계가 있는 것일까?'

대학원생들을 가정에 매주 보내서 관찰한 결과 아주 특이한 점을 발견했다. 부잣집 엄마들은 아이들에게 명령할 때 이유를 설명해 주고 명령했다. 그러나 가난한 집 엄마들은 그냥 명령만 했다. 예컨대, "조용히 해."라고 명령할 때 부자 엄마들은 "네가 떠들면 잠자는 동생이 깬단 말이야. 그러니까 조용히 해."라고 말했다. 그러나 가난한 엄마들은 단순히 "조용히 해."라고만 말했다.

이유를 설명해 주는 엄마는 아이에게 세상만사에는 '원인과 결과'가 있다는 것을 생활 속에서 가르치고 있었다. '모든 결과는 그것을 만드는 원인이 있다.'는 인과론 causality 을 가르치고 있었던 것이다. 합리적 사고를 생활 속에서 훈련시키고 있었던 것이다.

어릴 때부터 인과론을 훈련받은 아이들은 공부도 잘했다. 가난한 집 아이들은 앞뒤 설명 없이 명령만 들었기 때문에 합리적 사고 능력이 뒤떨어졌다. 그래서 학교 성적도 나빴다. 경제적 차이 때문이 아니었고 엄마의 양육 태도 때문이었다.

이제부터는 아이들에게 명령할 때 먼저 이유를 설명해 주자.

4계명_ 아이에게 완벽한 것을 요구하지 않는다

"한 시간이나 시간을 낭비했어. 바보같이 그렇게 하면 되겠니? 한 시간 뒤에는 다른 스케줄이 있는데 어떻게 할 거야? 그러니까 할아버지가 너를 싫어하시잖아! 너 때문에 내가 살 수가 없다."

식당에서 밥을 먹고 있는데 옆자리에서 아이를 야단치는 엄마의 목소리가 들렸다. 초등학교 2, 3학년 정도로 보이는 아이는 밥을 앞에 두고 한 숟가락도 뜨지 못하고 있었다. 모녀의 대화라고 하기엔 너무 사무적이고 딱딱해서 아이가 안돼 보였다. 아이 성적이 떨어졌는데 아이가 긴장을 덜 한다는 것이 엄마의 요지였다. 그래서 주변 친척들이 자신들을 우습게 본다고 했다. 엄마는 자신의 말이 얼마나 가혹한지 알지 못하는 것 같았다. 어른이 듣더라도 아프게 들릴 신랄한 말들을 뱉어내고 있었다.

이렇게 자란 아이는 자존감이 낮아진다. 한 시간도 낭비해서는 안 되고 점수가 조금만 떨어져도 안 된다. 부모가 짜놓은 완벽한 스케줄과 점수에 아이가 미처 따라오지 못하면 아이는 죄인이 된다. 완벽하지 못하면 죄인이 되는 것이다.

지난 시험에는 100점을 받았는데 이번에 90점을 받았다고 아이를 나무라지 말자. 아이는 이미 괴롭다. 자신을 비난하고 있을 것이다. 이미 받고 있는 비난에 더 얹어 부모가 야단을 치면 아이는 갈 곳이 없다.

그동안 노력했던 것을 인정해 주고 성적이 떨어져 괴로운 마음을 알아주자. 그러면 아이는 힘이 생긴다. 완벽하지 않아도 노력한 것을 인정해 주고 그 마음을 공감해 주면 아이는 스스로에 대한 믿음을 회복하게 된다. 아이는 스스로 성적이 떨어진 이유가 무엇인지 생각하게 된다. 그리고 스스로의 힘으로 자신의 문제를 헤쳐나갈 수 있게 된다.

공부뿐만 아니라 학교, 가정, 친구들과의 관계에서 아이가 바라는 만큼 행동을 하지 못할 때도 너무 나무라지 말자. 어른의 시선으로 아이를 보면 아이는 모자란다. '내 아이라면 다른 사람들에게도 인정받도록 이렇게 행동해야 해.'라는 기준을 세우고 그 기준에 못 미치면 아이를 나무라는 부모가 많다. 그러면 아이는 위축된다. 하지만 '실수를 해도 너는 내 사랑하는 아이'임을 보여주면, 아이는 실수를 하고 안하고에 관계없이 자신이 소중한 존재임을 알게 된다.

5계명_ 아이의 감정 표현을 아이와 소통하는 기회로 삼는다

일곱 살짜리 남자아이가 있었다. 직장에 다니는 엄마를 대신해 방학 동안 대학원에 다니는 이모가 집을 오가며 돌봐주고 있었다. 살가운 편인 아이는 이모와 잘 지냈다.

그러던 어느 더운 날, 아이는 밖에서 놀다가 땀에 흠뻑 젖은 채 집으로 돌아왔다. 이모는 아이에게 옷도 더러워지고 몸에 땀도 많이 났으니 목욕을 하라고 했다. 아이는 싫다면서 옷도 벗지 않은 채 제 방 침대 위에 올라가 블록놀이를 했다. 이모와 아이와의 실랑이가 시작됐다. 이모는 자신의 말을 듣지 않고 고집을 부리는 아이를 야단쳤다. 아이는 "엄마도 아니면서 이모가 왜 그래?"라고 대들었다. 화가 난 이모는 아이를 화장실로 데려갔다. 아이는 샤워를 절대로 안 하겠다고 울고불고 난리를 쳤지만 이모는 아랑곳하지 않고 아이 머리 위에서 샤워기를 틀었다. 아이의 옷은 다 젖었고 아이는 체념한 듯 가만히 서 있었다. 아이는 목욕 후 제 방에서 다시 블록을 했고, 이모는 먹을 것을 가져다주었다.

저녁에 엄마가 돌아왔을 때 아이의 반응이 인상적이었다. 이모는 아이가 엄마에게 낮에 있었던 일을 다 이를 줄 알았다. 그런데 엄마에게 아무 말도 안 하던 아이는 이모가 집에 가려고 하자 마치 아무 일도 없었던 듯 제 방에서 블록을 가지고 나오더니 같이 하자고 했다. 이모는 아이가 이상했지만 블록놀이를 같이 하고 집으로 돌아왔다.

이모는 다음 날 아이 엄마에게 전화를 해 전날 있었던 이야기를 해주었다. 그런데 그 일 이후 아이는 이모가 무슨 말을 하든 "싫어, 안 돼, 못 해.~"라고 했다. 어쩌다 전화 통화를 하게 돼도 "싫어, 안 돼, 못 해~."에 곡조를 붙여 말은 하지 않고 노래만 불렀다. 아이 엄마를 바꿔달라고 해서 얘기를 하면 수화기를 통해 들리도록 "싫어, 안 돼, 못 해~." 노래를 불렀다. 가족 모임을 할 때도 이모가 말을 하면 예의 "싫어, 안 돼, 못 해~." 노래를 불러 방해를 했다. 이런 일은 아이가 초등학교 4학년이 될 때까지 계속되었다.

이모는 조카를 보며 그때 아이의 자존심이 상했다는 것을 깨달았다. 이모에게 강압적인 명령을 듣는 것도 싫었는데 맞고 물 뿌려지고……. 자존심이 더 상할까 봐 엄마에게도 얘기를 하지 않았던 것이다. 그래서 엄마 앞에서 이모와 아무 일 없었다는 듯 블록놀이까지 하자고 했던 것이다. 아이에게 자존심은 중요한 것이었다. 이모는 조카가 일곱 살의 어린 나이였지만 아이에게 선택권을 주고 자존심을 존중해 줬어야 한다는 것을 깨달았다.

이모는 아이를 불러 그때 강압적으로 목욕을 하라고 명령하고 샤워기로 물을 뿌린 것을 진심으로 사과한다고 얘기했다. 그리고 늦었지만 사과를 받아주었으면 좋겠다고 했다. 이모가 아이를 사랑하지 않아서 그런 것이 아니라는 것을 알아줬으면 좋겠다고도 했다. 아이는 가만 생각하더니 알겠다고 했다. 그 일 후 아이의 그 노래도 끝이 났다. 아이와 이모의 관계가 회복되었다.

아이가 당연히 해야 할 일을 싫다고 거부할 때 부모들은 짜증이 난다. 그래서 아이를 달래거나 화를 내거나 하여 그 일을 하도록 한다. 그런데, 아이의 감정은 아이에 대해 많은 것을 알려주는 통로이다. 좋아하는 것, 싫어하는 것, 기쁨, 슬픔, 분노 등의 감정은 아이의 의식, 무의식에 대해 많은 것을 얘기해 준다. 아이가 어떤 것을 영 싫어할 때는 왜 싫어하는지 물어보는 것이 좋다. 그 이유가 부모가 생각했던 것과 전혀 다를 경우도 있다. 듣고 보면 몰랐던 아이의 마음을 알게 될 수도 있고 아이가 잘못 생각하고 있는 것을 발견할 수도 있다.

화가 난 아이에게 "왜 네가 화를 내? 지금 엄마가 더 화났다."라고 야단을 치는 대신 "○○야, 지금 화가 많이 났구나.

왜 그렇게 화가 났는지 말해줄래?"라고 얘기해 보자. 혹은 울고 있는 아이에게 "○○야~ 지금 속상하구나. 그래서 우는구나. 뭐가 속상한지 말해줄래?"라고 물어봐 주면 아이는 자기 마음을 알아주는 사람에게 얘기를 하게 된다. 이는 아이에 대해 그동안 몰랐던 것을 알게 해주고 아이와 소통할 수 있는 좋은 기회가 된다.

부모 입장에서 그 이유에 수긍이 가든 가지 않든 "그렇구나. 그래서 이 일을 하기 싫어하는구나, 화가 났구나, 속상하구나."라고 공감해 주면 아이는 편안해진다. 부정적인 감정으로 꽉 차 있던 긴장된 마음이 스르르 풀어지는 것이다.

아이의 감정을 알아주면 아이는 부모의 말을 받아들일 마음의 여유가 생긴다. 아이의 감정은 공감을 받아야 할 소중한 것이다. 엄마의 판단에 따라 무시되거나 야단맞을 것이 아니다. 공감 받지 못한 감정은 아이의 내면을 오랫동안 지배한다. 설사나 두통으로 표현되기도 한다.

완벽하진 않지만,
이만하면 나도 괜찮은 엄마

어머니가 세상을 뜨신 지 25년이 되었다. 내가 고등학생 때 아버지는 실직하셨다. 아버지는 융통성이 없는 고지식한 분이었고 11남매나 되는 우리를 먹이고 교육시키는 일은 어머니 몫이었다.

1960년대 초, 모두가 배고플 때였지만 우리 집은 당장 끼니 끓일 것이 없었다. 그래도 어머니는 고3인 내 하숙비와 학비를 꼬박꼬박 보내주셨다. 문제는 대학 선택이었다. 나는 의대에 가고 싶었다. 그러나 집안 형편을 보면 말도 꺼낼 수 없었다. 비싼 의대 학비와 6년간의 하숙비를 누가 감당해 준단 말인가?

가까운 친구들은 교대에 진학했다. 교대는 2년 후에 교사 자격증이 나오고 월급을 받을 수 있다는 것이 큰 매력이었다. 아버지도 나에게 교대에 가라고 하셨다. 나도 체념하고 교대에 가려고 마음먹었다. 그러나 의사에 대한 꿈을 포기한다는 것이 너무 괴로웠다. 원서를 쓰기 전날 나는 뒷산에 올라가 서산에 지는 해를 쳐다보며 마음을 달랬다. 그러다가 '그래도 어머니에게 말이라도 한번 해보자.'라고 마음먹었다.

집에 도착했을 때 어머니는 혼자서 어두운 툇마루에 앉아계셨다. 나는 어머니의 얼굴을 쳐다보지도 못하고 "어머니, 나 의대에 가고 싶은데……."라고 말해버렸다. 사실 의대에 간다는 말은 그때 가정 형편을 잘 아는 나로서는 너무나 염치없고 철딱서니 없는 말이었다. 어머니가 "안 된다." 하시면 교대에 가려고 생각했다. 그리고 사실 나는 비교적 순종적인 소년이었기 때문에 교대에 갔을 것이다.

그런데 뜻밖에도 어머니는 "그래? 어디 그럼 우리 한번 해 보자."라고 말씀하셨다. 다음 날 나는 의대에 원서를 냈다. 그리고 합격했다. 그 후 어머니는 두 번의 등록금을 보내주셨다. 나중에 알고 보니 친구 분들에게 빚을 낸 것이었다. 의대생이던 어느 날 밤, 나는 자존심이 센 우리 어머니가 빚쟁이들에게 쪼들리는 소리를 옆방에서 듣고 소리 죽여 운 일도 있었다. 그날 밤을 생각하면 지금도 눈물이 난다.

나는 가정교사를 하며 고학을 했다. 고생은 했지만 꿈을 이루었다. 정신과 의사가 되었고 의대 교수가 되었다. 그리고 어머니의 빚도 모두 갚아드렸다. 칠순이 지난 지금 당시를 회고해 보면 어머니가 눈물겹도록 고맙다.

그때, 내가 10대 후반의 고3 학생일 때, 어머니가 현실을 들고 나와 의대 진학을 반대하셨더라면 나는 지금 전혀 다른 곳에서 다른 생활을 하고 있을 것이다. 나의 조국과 나의 환자들은 쓸 만한 정신과 교수 한 사람을 잃었을 것이라는 생각도

해본다. 끼니 끓일 것이 없는, 그런 절대 빈곤의 상황에서 어머니가 어떻게 그렇게 말씀하실 수 있었을까?

나는 어머니가 존경스럽다. 어머니 덕분에 나는 인생의 꿈을 이룰 수 있었다. 이건 나의 어머니만의 이야기가 아니다. 세상의 어머니들은 다 위대하다. 모성애는 신화를 만든다. 모성애란 단어만 들어도 가슴이 뭉클해진다.

많은 엄마들이 육아서를 찾아 읽는다. 책에서 이상적인 롤 모델을 찾아 배우면, 정말 좋은 부모(완벽한 부모)가 될 수 있을 것이라는 기대를 갖기 때문이다. 하지만 대부분의 엄마들은 좌절감만 심하게 느낀다. 자신감은 더욱 떨어진다.

그 이유가 뭘까? 바로 이 책들이 '완벽한 부모'가 되는 방법을 제시하면서 누구나 노력하면 그런 부모가 될 수 있다는 환상을 심어주기 때문이다. 내가 완벽한 부모가 되면 내 아이도 완벽한 아이가 될 수 있다는 환상을 심어준다. 따라서 아이가 완벽하지 못하다면 그건 다 내가 완벽하지 못하기 때문이라는 죄책감에 빠진다.

치열한 경쟁의 사회에서 엄마는 아이의 완벽한 스펙을 만드는 책임이 자기에게 있다고 생각한다. 이런 환상에 빠진 엄마들은 긴장이 높고 걱정이 많다. 잘 놀라고 걱정이 많아서 최선을 다하지만 마침내 기진맥진하게 된다. 죄책감에 시달리다가 우울증에 빠지기도 한다.

'모든 것은 다 내 책임이야. 내가 완벽하지 못해서 일어난 일이야.'

이렇게 아이를 너무 배려하고 걱정하며 보살피다가 탈진 상태에 빠지는 엄마들이 많다. 정신의학에서는 '배려하다가 지쳐버림 compassion fatigue'이라고 한다.

그런데 완벽주의 환상에 뿌리를 둔 이런 기대는 현실적으로 실현가능한 기대일까? 아니다. 어림없는 환상이다. 완벽한 엄마도 있을 수 없고 더구나 완벽한 아이란 더욱 기대할 수 없는 것이 현실이다. 말 그대로 환상일 뿐이다.

엄마도 인간이다. 유한한 인간이다. 유한하지만 그러나 개성 있는 어머니와 그 어머니의 아이가 있을 뿐이다. 둘 사이에서 만들어지는 독특하고 특별한 관계가 있을 뿐이다. 이 관계를 통해서 아이라는 한 인간이 성장한다. 아이만 성장하는 것이 아니다. 엄마도 아이를 키우며 성장한다.

세상에 완벽한 부모는 없다. 가능한 일도 아니다. 다만 좋은 부모면 된다. 좋은 부모란 아이를 좋아하는 부모다. 아이와 함께 있으면 즐겁고 행복한 엄마가 좋은 엄마이다. 아이는 자기를 좋아하는 엄마를 보면서 자기를 확인한다.

'나는 예쁜 아이구나!'

이것이 자존감의 핵을 형성한다. 핵이 생성되면 세포분열이 가능해진다. 그래서 아이의 자존감을 높여주기 위해서 좋은 엄마로 충분하다는 것이다.

정신분석에서 쓰지 않는 말이 있다. 그것은 '이상적 엄마 good mother'라는 말이다. 완벽한 엄마가 없다는 것을 잘 알기 때문이다. 이 말 대신에 '그만하면 충분한 엄마 good enough mother'라는 말을 쓴다.

자책은 고만 하자. 자학적이 되지 말자. 자신에게 이렇게 말해보자.

'완벽하지는 않지만 이만하면 나도 괜찮은 엄마야!'

아이에게 완벽을 요구하지 않듯이 나에게도 완벽함을 요구하지 말자. 자신을 수용하는 엄마, 이런 엄마가 좋은 엄마다. 아이의 자존감을 높여주는 엄마다. 경쟁을 강요하는 사회에서도 좋은 엄마를 가진 아이들은 시냇가에 심어진 나무처럼 무럭무럭 잘 자란다.

**엄마와 아이를 이어주는
따뜻한 무의식**

초판 1쇄 발행 2022년 6월 10일
초판 3쇄 발행 2022년 8월 20일

지은이 이무석·이인수
발행인 양진오
편집인 미미 & 류
발행처 교학사

등록번호 제25100-2011-256호
주소 서울 마포구 마포대로 14길 4 5층
전화 02-707-5239
팩스 02-707-5359
이메일 miryubook@naver.com
인스타그램 @miryubook

ISBN 979-11-88632-05-3 (13590)

미류책방은 교학사의 임프린트입니다.
파본이나 잘못된 책은 구입하신 곳에서 바꿔드립니다.

이 책은 저작권법에 의해 보호받는 저작물이므로 무단 전재와 무단 복제를 금지하며
이 책 내용의 전부 또는 일부를 인용하거나 발췌하려면 반드시 저작권자와 교학사의 서면 동의를 받아야 합니다.